질그릇 속에 담긴 은혜

질그릇 속에 담긴 은혜

초판 1쇄 발행 2022년 12월 30일

지은이 이희준
펴낸이 류태연

편집 배태두 **I 디자인** 김민지 **I 삽화** 이조이

펴낸곳 렛츠북
주소 서울시 마포구 양화로11길 42, 3층(서교동)
등록 2015년 05월 15일 제2018-000065호
전화 070-4786-4823 **I 팩스** 070-7610-2823
이메일 letsbook2@naver.com **I 홈페이지** http://www.letsbook21.co.kr
블로그 https://blog.naver.com/letsbook2 **I 인스타그램** @letsbook2

* 닻별은 렛츠북의 임프린트입니다.

ISBN 979-11-6054-595-1 03230

질그릇 속에 담긴 은혜

다섯 번 죽음의 고비를 넘기고 사역자로 우뚝 서다

이희준 지음

신학생과 부교역자 및 담임목회자에게 드리는 24가지 제안

.....

우리가 이 보배를 질그릇에 가졌으니 이는 심히 큰 능력은 하나님께 있고
우리에게 있지 아니함을 알게 하려 함이라(고후 4:7)

* 일러두기
　본문에 사용된 성경 인용은 『개역개정』을 따랐습니다.

이 책을 나의 영웅이신 아버님과
하늘나라에 계신 사랑하는 어머님께 바칩니다.

하나님의 선택된 아들로 태어난 오빠는 육체의 질병으로 많은 고통을 겪었습니다. 육체적 질병으로 하나님을 깊이 만났기에 고난은 축복이 되어 보석 같은 간증집을 내게 되었습니다.

다이아몬드는 수많은 칼자국으로 빛나는 보석이 됩니다. 하나님께서는 53년 오빠의 인생, 그 칼날 같은 고통의 자국들을 빛나는 보석으로 다듬어주셨습니다. 많이 아프고 걸어갈 힘조차 없는 많은 시간들 속에서 하나님은 함께하셨고 그 걸음을 인도해주셨습니다.

바울에게 가시를 허락하셨고 고쳐달라는 기도에 "내 은혜가 네게 족하도다"라고 말씀하셨듯이 오빠에게도 질병의 가시를 걷어가지 않으셨습니다. 대신, 오늘 하루 살아갈 힘이 없고 죽고 싶은 한 사람에게 복음을 전할 수 있는 간증이 되게 하셨습니다.

아프고, 고통받고, 절망 가운데 '왜 나만 이 고통을 겪어야 하나요?'라며 하나님을 원망하고 환경을 탓하고 계신 분들에게 이 한 권의 책을 권

합니다. 오빠에게 찾아온 하나님의 크신 사랑이 당신을 만나주실 것입니다.

이효진 대표(예인건축연구소 소장, 『네 약함을 자랑하라』 저자)

추천사 II

　그동안 여러 번 추천사를 써보았지만, 이희준 목사님의 책처럼 처음부터 눈물을 흘린 적은 없었습니다. 이희준 목사님이 이번에 쓰신 책은처음부터 감동과 은혜의 연속이어서 잡자마자 끝까지 읽게 되었습니다.어릴 때부터 병약하여 고생하였고, 그것을 계기로 교회에 나가 하나님을 만나게 되어 우여곡절이 많았지만 믿음으로 이겨낸 이야기는 보는사람들에게 감동의 눈물을 짓게 할 것입니다.

　사람들은 예수님을 믿고 세상 사람들처럼 성공해야만 간증이라고 생각하는 경향이 없지 않습니다. 그렇게 말하면 예수님도 실패자이고 베드로나 바울도 실패자입니다. 이 목사님은 세상적으로 성공한 목회자라고 보기 어렵습니다. 그러나 기나긴 세월 육체의 질고로 말미암아 하나님께 원망한 내용은 참으로 공감이 가는 부분입니다. 이 목사님은 그러한 어려움을 주님의 은혜로 이겨내고 이제 긴 터널에서 벗어나 하나님의 임재로 회복되어 살기로 결단하고 이 책을 쓰신 것입니다.

　지금도 이 땅에 많은 분이 가난과 질병 그리고 말할 수 없는 고통 가운데 있습니다. 이런 분들이 이 책을 읽으면 하나님을 만날 소망을 가지게 될 것입니다. 나아가 갈 곳을 찾지 못해 힘들어하는 신학생이나 목회자들께도 용기를 주는 책이 될 것으로 믿고 일독을 권합니다.

조요셉 목사(물댄동산교회 담임목사)

이희준 목사님의 저서 『질그릇 속에 담긴 은혜』는 성령 충만과 보혈의 피가 기록된 증언들이다. 이희준 목사님은 대형교회의 목사님도 아니고, 이민교회의 큰 부흥을 이끌어내신 분도 아니다. 세상적 시선, 크로노스의 시선으로는 아주 평범한 목회자로 보일 수 있다.

그러나 이희준 목사님의 삶 속에는 동행하시고, 내주하시고, 역사하시며 감화·감동하시는 성령님의 교통하심과 임재가 있다.

무당의 양아들이었던 이희준 목사님에게 하나님이 자녀의 권세를 내리셨다. 탄광촌에서부터, 미국 신학교와 디아스포라 목회까지…. 매 순간 간절하게 갈망의 기도, 절규의 기도, 생명의 기도를 허락하신다.

혈관이 터지는 질병으로 생사의, 죽음의, 5번의 고비고비마다 강권적으로 역사하시는 성령님의 임재를 본다.

하나님의 가문, 하나님의 사람들은 카이로스의 기름부음을 받으며 살아간다. 기드온동족선교회 한국지부장으로 북한 동포를 위해 들숨과 날숨의 헌신하시는 이희준 목사님과 동시대의 사명·사역을 동역함에 예수 그리스도의 이름으로 감사를 선포한다.

오늘도 사도행전 1장 8절의 말씀으로 동족을 향해 기도하시는 목사님께 건강, 성령 충만을 위해 기도드린다. 성령님의 임재에 갈급한 모든 분들은 『질그릇 속에 담긴 은혜』를 꼭 일독하시기를 권면한다. 하나님의 사람들은 세상 성공이 아니라 주님과 동행하는, 성장하는 사람들이다. 주예수 그리스도의 영광으로….

윤학렬 감독(「철가방 우수 씨」 외 다수 연출)

추 천 사 Ⅳ

"고난 당한 것이 내게 유익이라 이로 인하여 내가 주의 율례를 배우게 되었
나이다"(시 119:71).

먼저 이희준 목사님께서 자신의 자서전이자 고백서라 할 수 있는, 삶
의 여정을 구슬 꿰듯 서술한 첫 저서 출간을 축하드립니다.

누구에게도 고난은 있는 것이지만 그 정도와 형태에 따라 달리 해석
하고 그 의미 부여를 다양하게 할 수 있습니다. 그러나 저자는 고난과
시련 속에서 끊임없이 도전하고 일어선 모습을 통해 우리에게 고난이
결코 믿음의 사람을 굴종시키지 못함을 알게 하고 있습니다.

저자께서는 벽촌의 성장 환경과 허약한 건강으로 늘 그 고통과 상처
가 그림자처럼 따라다녔지만 그 역경을 칠전팔기의 삶으로 극복하였습
니다. 『질그릇 속에 담긴 은혜』에는 이희준 목사님께서 하나님의 은혜로
예수님을 만나 자신의 삶에 희망과 생동력을 입고 그 고난을 개척해나
가는 과정이 진솔하게 잘 담겨있습니다. 본 저서는 독자로 하여금 많은

고난 속에 담긴 감동과 그 의미를 신앙적으로 공감토록 하여 고난받는 인생이 주님의 은혜인 질그릇 속에 담길 때 그 삶이 얼마나 값진 것임을 잘 그려내고 있습니다.

강석진 목사(『북한 교회사』 외 다수 저자)

이희준 목사님의 신앙 여정 반평생과 믿음의 고백이 담긴 자서전을 자세히 읽어보면서 오랜만에 많이 울었다. 최근 코칭작가 일이 바빠져서 큰 틀만 정리해서 원고를 출판사로 넘기려고 했는데, 하루는 이 목사님이 간곡히 부탁하신다. "목사님, 제 원고를 전체적으로 꼼꼼히 읽어봐 주실 수 있을까요?"라고….

지금으로부터 3년 전 코로나19가 없던 시절, 이 목사님의 소개로 몇몇 교회 집회를 다닌 적이 있었고, 내가 살고 있는 영종도 하늘 신도시에서 이 목사님과 만나 함께 식사를 한 적도 있었다. 그때까지만 해도 이 목사님의 지나온 인생 여정 그리고 그의 사역에 대해서 자세히 알지 못했다. 그러나 이번에 자서전 원고를 읽으면서 큰 감동과 은혜를 받을 수 있었다. 나로 하여금 이 추천사를 쓰게 하신 하나님께 영광과 감사를 드린다.

내가 이 책의 추천사 부탁을 받은 후 흔쾌히 결정한 이유는 첫째, 이 책이 다섯 번이나 질병의 고통으로 죽음의 고비를 넘기면서 받은 "질그

룻 속에 담긴 은혜"(고후 4:8)가 담겨있는 은혜로운 믿음의 고백서이기 때문이다. 나는 이 책을 미리 읽으면서 많이 울었고, 질병의 고통을 겪으면서도 하나님의 은혜 속에서 꿋꿋이 살아온 저자의 인생 여정에서 큰 감동을 받았다. 아마도 이 책을 읽는 독자 여러분에게도 동일한 감동을 안겨줄 것이라 믿는다.

둘째, 이 책에는 저자가 학교에서 교목목회, 일반목회, 이민목회, 개척목회 등을 통해서 배운 현장의 지혜가 담겨있기 때문이다. 목회자, 선교사 그리고 교회를 개척하실 분들이라면 반드시 읽어봐야 할 책이다. 하나님께서 인도하시고 채워가시는 목회의 지혜가 담겨있는 실제적인 목회지침서이다.

셋째, 이 책은 저자의 사역인 북한선교사역에 대해서 알 수 있는 책이기 때문이다. 저자는 북한선교의 귀한 사역을 하고 있는 미국 시애틀의 박상원 목사님과 동역을 하면서 현재 '기드온동족선교회 한국지부장'으로 섬기고 있다. 남북통일을 준비하고 있는 이때, 저자의 귀중한 사역을 알 수 있는 소중한 책이다.

넷째, 이 책에는 저자의 새로운 비전과 꿈에 대한 내용이 담겨있기 때문이다. 나는 코로나19가 시작되기 전 저자를 알게 되었다. 저자는 내가 베트남을 다녀와서 출간한 『인생미션』에 공저자로 참여하였다. 이후 나는 저자에게 신앙 자서전 단행본을 써볼 것을 권면하였다. 그렇게 코로나19 기간 3년 동안 기도하면서 정성을 다하여 쓴 원고가 나를 울리고 말았다. 눈물과 감동이 있는 책이다. 이 책의 출간과 함께 이 목사님이 열방을 다니면서 강의하고 코칭하는 그러한 길이 활짝 열리리라 믿는다.

　이희준 목사님의 책 출간을 진심으로 축하드리며, 독자 여러분께 일독을 권한다. 앞으로 하나님께서 이희준 목사님을 더 존귀하게 사용하시리라 믿는다.

박성배 박사(코칭전문작가, 한우리미션밸리 대표)

프롤로그

다섯 번 죽음의 고비를 넘기고 믿음으로 서다

"이야기를 써야 마땅한 위대한 인생이란
대단한 스펙터클을 가진 소수의 인생이 아니라
사소함으로 위장한 평범한 일상을 살아내는 우리 모두의 인생이다."
– 존 슈메이커

나는 지금까지 살아온 반평생을 질병의 위협으로부터 고통받았다. 그 질병은 찰거머리처럼 내 인생에 달라붙어서 떨어지지도 않고 나를 괴롭혔다. 나는 그 질병 때문에 많은 것을 포기해야 했다. 나는 그 질병에서 벗어나고자 몸부림쳤다. 수없이 하나님께 기도를 드렸다. 그러나 그것은 마치 족쇄처럼 나를 얽어매며 떨어지지 않았다. 그래서 이제는 모든 시도를 포기했다. 그냥 내 인생의 일부로 받아들이기로 했다. 질병이 내 몸에 붙어있든지 말든지 이제 신경 쓰지 않기로 했다.

사도 바울도 자신을 괴롭히는 질병이 있었다. 그는 그것을 육체의 가시라고 표현했다. 가시는 사람을 찌른다. 그래서 고통스럽다. 가시가 몸에 박혀있으면 불편하다. 그것을 빼고 싶다. 그래서 사도 바울은 그 가시를 빼달라고 간절히 하나님께 3번이나 기도했다. 하지만 하나님께서는 빼주시지 않았다. 그 가시를 가지고 살게 하셨다. 그 가시로 인해서 바울은 자신의 연약함을 깨닫고 교만해지지 않을 수 있었다. 그 가시 때문에 바울은 하나님의 더 크신 은혜와 능력 안에 머물 수 있었다.

"여러 계시를 받은 것이 지극히 크므로 너무 자만하지 않게 하시려고 내 육체에 가시 곧 사탄의 사자를 주셨으니 이는 나를 쳐서 너무 자만하지 않게 하려 하심이라. 이것이 내게서 떠나가게 하기 위하여 내가 세 번 주께 간구하였더니. 나에게 이르시기를 내 은혜가 네게 족하도다 이는 내 능력이 약한 데서 온전하여짐이라 하신지라 그러므로 도리어 크게 기뻐함으로 나의 여러 약한 것들에 대하여 자랑하리니 이는 그리스도의 능력이 내게 머물게 하려 함이라. 그러므로 내가 그리스도를 위하여 약한 것들과 능욕과 궁핍과 박해와 곤고를 기뻐하노니 이는 내가 약한 그때에 강함이라"(고후 12:7-10).

마찬가지로 질병은 나에게 고통이면서 또한 축복이다. 만일 내가 어려서부터 아프지 않았다면 나는 예수님을 믿지 않았을 것이다. 고등학교 2학년 때 예수님을 깊이 만날 수 있었던 것은 내 육신의 약함 때문이다. 그 육신의 질병은 나에게서 꿈과 희망과 삶의 의미를 빼앗아갔다. 대신에 인생에서 가장 큰 보물을 발견하게 해주었다. 그 보물은 바로 예수 그리스도다. 나는 육신의 연약함 때문에 겸손할 수 있었고, 더욱더 하나님을 의지하게 되었다.

송명희 시인은 태어나면서부터 뇌성마비 환자였다. 그녀는 일평생 그

병으로 인해 고통을 받았다. 하지만 그녀는 자신의 약함을 통해서 하나님을 더 깊이 만날 수 있었다. 그녀는 남이 보지 못한 것을 보게 되었고, 남이 듣지 못한 음성을 들었고, 남이 깨닫지 못하는 진리를 깨닫게 되었다. 그래서 그녀는 하나님이 공평하다고 노래한다.

내 여동생은 세 살 때 끓는 물에 엎어져서 뜨거운 수증기에 얼굴과 손이 3도 화상을 입었다. 병원에 갔더니 의사는 그녀가 곧 죽는다고 치료도 안 하고 그냥 놔두었다. 하지만 동생은 끈질기게 생명을 이어갔고, 우리는 뒤늦게야 큰 병원에 갔다. 하지만 치료 시기를 놓쳐서 동생의 얼굴과 손에 큰 흉터를 남기게 되었다. 동생은 그로 인해서 평생을 상처와 고통 속에서 살아왔다. 사람들의 시선이 두려워서 늘 땅을 보고 다녔고, 사람들의 눈을 피해서 살았다. 눈을 뜨고 있는 시간이 너무 괴로워서 잠을 자는 것을 좋아했다. 가족들에게도 자신의 속을 잘 드러내지 않았다. 하지만 동생은 날마다 속으로 울었다. 자신의 인생을 저주하고 하나님을 원망하며 살았다. 하나님의 기적을 기대하면서 매일 화상을 치료해 달라고 기도했다. 하지만 다음날 그대로인 얼굴을 보면서 그녀는 절망했다. 그래서 하나님을 믿지 않았다.

하지만 동생은 엄마가 세상을 떠나면서 마지막으로 남긴 "하나님을 믿으라"는 유언을 들어주기 위해서 교회에 나가게 되었다. 엄마가 동생을 위해서 흘린 눈물의 기도가 하늘에 닿았음인지 동생은 교회에 나가서 하나님을 만나게 되었고, 남들이 받지 못하는 깊은 은혜를 경험하게 되었다. 성령님을 인격적으로 만나게 되었고, 그분과 24시간 동행하는 법을 깨닫게 되었다. 그때부터 그녀의 삶은 180도로 바뀌었고, 그녀는 미스 헤븐이 되어서 하나님의 사랑과 은혜를 전하는 메신저가 되었다. 동생은 가는 곳마다 자신의 약함을 자랑한다. 약함이 축복이라고 선포한다. 그렇다. 약함이 그냥 약함으로 끝난다면 그 인생은 비참하다. 하지만 약함이 하나님을 만나면 엄청난 능력이 되고 축복이 된다.

나도 동생과 동일하게 약함 가운데 하나님의 큰 은혜와 사랑을 경험했다. 그래서 내가 받은 은혜와 사랑을 더 많은 사람들에게 알리고 싶었다. 다윗의 시편을 읽는데 특별히 와닿는 구절들이 있었다.

"내게 주신 모든 은혜를 내가 여호와께 무엇으로 보답할까?"(시 116:12).

나도 다윗처럼 똑같은 생각을 했다. 죽음을 앞두고 하나님 앞에 가서 무엇을 하다가 왔느냐고 물으시면 '뭐라고 답을 할까?'라는 생각을 했다. 한 달란트 묻어둔 종처럼 주님께 '악하고 게으른 종'이라고 책망받는 것이 아닐까 하는 두려움이 있었다. 주님께서는 은행에 돈을 넣어서 이자라도 남겨야 하지 않느냐고 그 종을 책망했다. 나는 나에게 베풀어주신 하나님의 은혜를 어떻게 무엇으로 보답할까를 고민했다. 목회할 때는 사람들에게 하나님의 말씀을 전하고 내가 받은 은혜를 전했는데 이제는 몸이 아파서 목회도 못 하게 되었다. 그래서 책을 쓰기로 결심하고 이 책을 쓰게 되었다.

다윗은 또 이런 고백을 했다.

"여호와의 오른손이 높이 들렸으며 여호와의 오른손이 권능을 베푸시는도

다. 내가 죽지 않고 살아서 여호와께서 하시는 일을 선포하리로다"(시 118:16-
17).

만약 내가 죽으면 나를 통해 행하신 하나님의 일은 아무도 모른 채 그
냥 잊히고 만다. 하나님은 모세와 여호수아에게 내가 행한 일을 기록하
라고 하셨다. 그래서 후대 사람들이 그 기록을 보고 하나님을 알 수 있
도록 하라고 하셨다. 만일 성경을 기록하지 않았다면 오늘날 어떻게 사
람들이 하나님을 알 수 있겠는가? 수많은 하나님의 사람들이 자신의 삶
을 글로 기록하지 않았다면 어떻게 우리가 그들을 통해서 은혜를 받을
수 있겠는가? 그래서 나는 죽기 전에 살아서 하나님의 은혜를 기록하기
로 결심했다.

나는 유명한 사람이 아니다. 대단한 업적을 남긴 사람도 아니다. 그저
평범한 목회자일 뿐이다. 하지만 하나님의 은혜를 받은 사람이다. 하나
님이 내 인생을 통해서 행하시는 일을 눈으로 목격하고 온몸과 마음으
로 체험한 사람이다. 나는 지난 10년 동안 영성 일기를 기록해왔다. 일
기를 쓰면서 하나님이 베푸신 은혜를 모두 기록으로 남겼다. 그것은 나
에게 소중한 자산이다. 좀 더 일찍 영성 일기를 쓰지 못한 것이 아쉬울
뿐이다. 믿음의 자서전을 쓰면서 일기를 쓰기 전에 받았던 은혜와 영감
들이 희미해져서 너무 안타까웠다.

이제 나도 50살이 넘었다. 100세 시대를 살고 있으니 나는 이제 인생
의 반을 산 것이다. 그래서 나는 '내 인생의 전반전'을 기록으로 남기고
싶었다. 물론 책을 쓰기까지 많은 고민과 망설임이 있었다. 왜냐하면, 나

의 약함과 부끄러운 부분을 드러내야 하기 때문이다. 그것을 감추면 하나님의 은혜가 나타날 수 없다. 하지만 어차피 죽을 인생 그리고 몇 번이고 죽었던 인생이다. 오히려 나의 부끄러움보다 하나님의 은혜가 나타나서 한 사람이라도 내 책을 읽고 은혜를 받아 용기를 얻는다면 그것으로 만족한다. 나의 책을 읽는 독자들이 용기를 얻어서 나처럼 믿음의 고백을 글로 남기기를 바란다. 수많은 믿음의 사람들이 자신이 받은 은혜를 기록으로 남기지 않고 그냥 땅에 묻어두고 간다. 그것이 너무 안타깝다.

나는 평범한 사람도 얼마든지 자서전을 기록할 수 있다는 것을 보여주고 싶다. 하나님의 은혜를 경험한 사람이라면 누구든지 상관없다. 이제 그 믿음의 기록을 가지고 내가 전도하고 싶은 사람들에게 선물을 하는 것이다. 사도 바울은 우리가 하나님의 편지라고 했다. 그렇다. 우리가 제대로 살았든 못 살았든, 있는 그대로 그 삶은 하나님을 증거할 것이다.

잘못된 삶은 회개를 통해서 죄를 뉘우침으로 하나님을 증거할 것이다. 성 어거스틴의 『고백록』처럼 말이다. 그는 책에서 자신의 죄악과 더불어 그것에 대한 참회의 글을 남겨서 후대의 사람들에게 은혜를 끼치고 있다. 우리의 실패와 잘못이 다른 사람에게는 큰 교훈이 될 수 있다. 우리가 쓴 책을 통해서 한 사람이라도 깨우치고 죄에서 돌이킨다면 하나님께서 기뻐하시지 않을까?

"주 여호와의 말씀이니라 내가 어찌 악인이 죽는 것을 조금인들 기뻐하랴

그가 돌이켜 그 길에서 떠나 사는 것을 어찌 기뻐하지 아니하겠느냐?"(겔

18:23).

    다섯 번 죽음의 고비를 넘기면서 받은 은혜를 이 한 권의 책에 기록하였다. 이 책을 읽는 독자 여러분에게 주님의 은혜가 가득하기를 바란다.

2022년 12월

이 희 준 목사 드림

Contents

이희준 목사의 어린 시절

신앙의 보물을 찾다

믿음으로 태평양을 건너다

코끼리도 울리는 이민목회

새로운 만남과 꿈

복음이란 무엇인가? 예수를 믿으면 어떤 일이 생기는가?

Part. 1

이희준 목사의
어린 시절

무당의 아들

옛날엔 시골에 가면 '광'이라고 부르는 창고가 있었다. 그 안에서 어머니는 작고 까만 새끼 돼지 한 마리를 잡으려고 땀을 뻘뻘 흘리면서 애를 쓰셨다. 그 돼지는 마치 어머니를 놀리기라도 하듯이 잡힐 듯 말 듯 애를 태우다가 결국에는 어머니의 손에 잡혔다. 그 돼지가 바로 나다. 어머니는 생전에 나의 태몽 이야기를 여러 번 들려주셨다. 그러면서 "네가 비록 살면서 힘든 일을 겪게 되지만 명은 길 거다"라고 하셨다. 그래서였을까? 나는 질병으로 죽을 고비도 여러 번 넘기고 부모님의 속을 많이 썩이며 성장했다.

나는 태어날 때부터 몸이 약했다. 내 몸에는 왜 생겼는지 모르는 흉터 자국이 있다. 가끔 우리 아이들이 "아빠 그거 뭐야? 왜 그런 흉터가 있어?"라고 묻는다. 그래서 아버지께 여쭈어봤더니, '내 몸에 뭔가가 생겼는데 그것을 없앤다고 독한 약을 떨어뜨려서 생긴 흉터'라고 했다. 어릴 적 사진을 보면 흉터 말고도 내 배가 볼록 튀어나와 있었는데 옛날 사람들은 그걸 '배 낭창'이라고 불렀다고 한다. 밥을 먹으면 배가 그렇게 볼록 튀어나온다고 했다. 특별한 치료약이 없고 그냥 크면 저절로 없어진다고 했다.

나는 아기 때 소화도 잘 못 시켜서 어머니가 매우 힘들었다고 한다. 이유는 모르지만 어머니는 내가 어릴 때 쥐를 잡아서 한 마리는 구워서 먹이고, 한 마리는 죽을 쒀서 먹였다고 했다. 그 얘기를 듣고 한동안 구역

질이 나서 혼이 났다. 하여튼 어머니는 나를 어떻게 해서든지 건강하게 키우려고 별의별 방법을 다 쓰셨다.

내가 평생 병 때문에 고생한 것은 어머니가 결혼하기 전에 속병이 있었기 때문이었다. 나중에 그것이 담석증으로 밝혀졌지만, 그 당시만 해도 60년대였고, 시골에서 자랐기 때문에 제대로 된 병원에 가보지 못했다. 그래서 시골 사람들은 민간요법으로 병을 고친다고, 이상한 것을 가져다가 먹이기도 했다(심지어 휘발유까지 먹었다는 얘기를 들었다). 하여튼 날 임신해서도 어머니는 몸이 아팠기 때문에 그 영향으로 난 아기 때부터 건강하지 못했다.

내 고향은 강원도 삼척시 도계읍이다. 탄광촌이었는데 사람들이 많이 살았다. 태어나서 초등학교 2학년 때까지 읍사무소 부근에서 살았다. 그런데 그 집에서 살 때 안 좋은 일이 참 많이 있었다. 그래서 점쟁이에게 찾아가서 점도 보고, 무당을 불러서 굿도 했다. 지금도 어릴 때 무당들이 우리 집에서 굿하는 장면이 떠오른다. 그때 무당은 내 명이 짧으니 수양(收養)엄마(다른 사람의 자식을 맡아서 제 자식처럼 기름)를 두어야 한다고 했고, 나는 결국 무당의 양아들이 되어야 했다. 명절 때가 되면 나는 수양 엄마를 찾아뵙고 절을 하고 산당에 가서도 절을 하곤 했다. 그때 산당 안에 무시무시한 그림들이 많이 있어서 엄청 무서웠던 기억이 떠오른다.

어느 날 무당이 굿을 하면서 "내가 이 집의 아이를 불에 집어넣었다"라고 했다. 그리고 "돈이 모이지 못하도록 다 흩어버리겠다"라고 했다. 그런데 정말 그 말대로, 아버지가 운전기사였는데 인사사고를 내서, 합의금으로 큰돈을 줘야 했다. 그리고 여동생은 얼굴과 손에 3도 화상을 입어서 죽다가 살아났다. 결국 후유증으로 흉터가 크게 남았다. 어머니는 담석증으로 굉장히 고통스러워하셨다. 지금도 어머니가 너무 아파서 온 방을 구르면서 고통에 찬 소리를 지르는 장면이 떠오른다. 게다가 남동생은 경기로 발작을 일으키곤 했다.

당시는 어리고 신앙이 없어서 몰랐는데 나중에 그것이 사탄이 우리 가정을 망하게 하려는 것임을 알게 되었다. 예수님은 사탄, 마귀의 정체가 도둑임을 분명히 가르쳐주셨다.

> *"도둑이 오는 것은 도둑질하고 죽이고 멸망시키려는 것뿐이요 내가 온 것은*
> *양으로 생명을 얻게 하고 더 풍성히 얻게 하려는 것이라"*(요 10:10).

무당과 점쟁이는 악한 영에 사로잡혀서 사람들을 미혹한다. 처음에는 그들이 모르는 것을 알아맞히고, 뭔가 유익을 주는 것 같지만 결국은 사람을 망하게 한다. 사탄이 일으키는 재앙을 사탄의 종인 무당이나 점쟁이가 결코 막을 수 없다. 사탄보다 더 강한 하나님만이 그것을 막을 수 있다. 나는 어려서 그것을 직접 목격했기 때문에 확실하게 말할 수 있다. 그래서 하나님은 이스라엘 백성들에게 무당과 점쟁이를 쫓아내라고 하셨다.

> *"네 하나님 여호와께서 네게 주시는 땅에 들어가거든 너는 그 민족들의 가*
> *증한 행위를 본받지 말 것이니 그의 아들이나 딸을 불 가운데로 지나게 하는*
> *자나 점쟁이나 길흉을 말하는 자나 요술하는 자나 무당이나 진언자나 신접*

자나 박수나 초혼자를 너희 가운데에 용납하지 말라. 이런 일을 행하는 모든
자를 여호와께서 가증히 여기시나니 이런 가증한 일로 말미암아 네 하나님
여호와께서 그들을 네 앞에서 쫓아내시느니라"(신 18:9-12).

이처럼 우리 집에 악한 영으로 말미암아 우환이 끊이지 않자 예수님을 믿는 사람들이 찾아와서 어머니께 교회를 나가자고 권유했다. 하나님을 믿으면 모든 우환이 물러가고 병도 고쳐준다는 얘기를 했다. 하지만 할머니와 고모는 종교를 바꾸면 신벌을 받는다고 어머니가 교회 가는 것을 반대했다. 만일 집안에 안 좋은 일이 일어나면 어머니를 쫓아내겠다고 협박했다. 그럼에도 불구하고 어머니는 현실이 너무 힘들어서 하나님을 믿기 위해서 교회를 나갔다.

교회에 나간 지 얼마 되지 않은 어느 날, 막냇동생이 경기를 심하게 했다. 마치 귀신이 들린 사람처럼 눈이 돌아가고, 거품을 물고 발작을 일으켰다. 진짜 신벌을 받은 것이 아닌가 하는 두려운 마음이 들어서, 어머니는 무당에게 가려고 했다. 그런데 갑자기 목사님께 가야겠다는 생각이 나서 아이를 둘러업고 교회로 달려갔다. 그런데 신기하게도 목사님과 사모님이 아이를 붙잡고 간절히 기도하자 막냇동생은 정상으로 돌아오게 되었다. 또한, 담석증 외에 어머니는 고질병을 앓고 계셨다. 그런데 하나님이 깨끗하게 고쳐주셨다. 할렐루야! 이런 기적들을 체험하면서 어머니는 하나님이 정말 살아계신다는 것을 확신하게 되었다. 그런데 신기하게도 신앙생활을 게을리하고 교회를 잘 안 나가면 그 고질병이 다시 나타났다. 그래서 회개하고 하나님을 열심히 믿으면 괜찮아지는 경험을 통해서 어머니는 믿음이 더욱 굳건해져 갔다.

혹시 여러분이나 주변 사람 중에 고난당하는 분들이 있는가? 그때가 하나님을 만날 가장 좋은 기회가 된다. 고난은 사람들이 하나님을 찾게 하는 계기가 될 수 있다. 사람이 편하고 부족한 것이 없으면 하나님을 찾지 않는다. 우리 어머니도 여러 우환이 가정에 닥치지 않았다면 절대 하나님을 찾지 않았을 것이다. 그러므로 고난은 유익이고 축복이다.

"고난당한 것이 내게 유익이라 이로 말미암아 내가 주의 율례들을 배우게 되었나이다"(시 119:71).

"너희는 여호와를 만날 만할 때에 찾으라 가까이 계실 때에 그를 부르라. 악인은 그의 길을, 불의한 자는 그의 생각을 버리고 여호와께로 돌아오라 그리하면 그가 긍휼히 여기시리라 우리 하나님께로 돌아오라 그가 너그럽게 용서하시리라"(사 55:6-7).

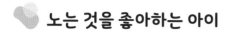 **노는 것을 좋아하는 아이**

"놀이는 유년기에 가장 순수하고 가장 영적인 인간 활동이다."

- 프리드리히 프뢰벨

초등학교에 다닐 때 난 공부하는 것보다 노는 것을 더 좋아했다. 그래서 학교 수업이 끝나면 밖에 나가서 친구들, 동네 형, 누나들과 저녁 먹기 전까지 놀았다. 자치기, 비석치기, 딱지치기, 구슬놀이, 땅따먹기, 술래잡기, 말뚝박기, 굴렁쇠 놀이 등… 놀이가 무궁무진했다. 그때는 어려서 그런지 아무리 놀아도 지치지 않았다. 그렇게 놀다가 저녁 식사 때가 되면 어머니가 부르셨다. 지금 돌이켜보면 여섯 식구가 한 상에 옹기종기 모여서 어머니가 해주시는 밥을 먹을 때가 행복했던 것 같다. 그때가 정말 너무 그립다.

여름에는 계곡이나 강으로 가서 가재잡기도 하고, 물놀이를 했다. 집부터 걸어서 2시간 거리에 물놀이하기 너무 좋은 곳이 있었다. 거기에는 돌썰매가 있었는데, 돌이 매끈해서 그것을 타고 내려오곤 했다. 그리고 높은 곳에 올라가서 뛰어내리는 다이빙도 했다. 거기는 수심이 깊어서 위험한데도 겁도 없었다. 그리고 수영을 제대로 배우지 못해서 개헤엄을 치면서, 때로는 물장구를 팡팡 튀기면서 시간 가는 줄 모르고 놀았다. 그리고 난 곤충 잡기도 아주 좋아했다. 특히 잠자리채로 잠자리를 잡으러 많이도 다녔다. 특히 장수잠자리와 색시잠자리를 잡으면 기분이 좋아서 방방 뛰었다.

여름에 가족들 모두 바다로 휴가를 자주 갔는데, 아버지가 조개 끌로 조개를 잡아 오면 조갯국을 끓여 먹곤 했다. 정말 맛있었다. 강에 가서는 반도로 물고기들을 잡았는데, 아버지가 반도를 들고 있으면 내가 손과 발로 고기를 몰아넣곤 했다. 그러고 나서 반두를 들면 그 안에 물고기들이 바글바글했는데 얼마나 신나고 재미있었는지…. 어떨 때는 보쌈으로 고기를 잡기도 했는데, 우선 양푼만 한 그릇에 먹이를 넣고 물고기가 들어갈 정도의 구멍을 뚫는다. 그런 다음 보로 싸서 물속에 집어넣었다가 다음날 가보면 그 안에 물고기들이 가득 들어있었는데 너무 재미있었다. 그리고 그 물고기들로 매운탕을 끓여 먹고 즐겁게 지냈다.

한번은 여름에 물가에 갔는데 시뻘건 물뱀들이 나타나서 얼마나 무서웠던지 미친 듯이 도망가다가 신발이 벗겨졌는지도 몰랐다. 그리고 여름 어느 날 어머니의 고향인 상정에 부모님과 친구분들이 놀러 갔다. 그날, 난 동네 형하고 물놀이를 했는데, 거기에 소(沼)가 있었다. 바닥이 진흙이고 갑자기 늪처럼 빠져드는 곳이다. 그런데 동네 형이 나를 거기에 밀었고 난 물에 빠져서 허우적거렸다. 형은 내가 장난으로 그러는 줄 알았다. 그런데 난 물속으로 계속 끌려 들어갔고, 물을 먹고 숨을 못 쉬어 죽을 것만 같았다. 나중에 어른들이 달려와서 나를 구해주었는데 정말 무서웠다.

또한 당시 여름에 「전설의 고향」이라는 텔레비전 프로가 있었다. 그런데 귀신이 나오는 장면이 많아서 정말 무서웠다. 긴 머리를 하고 입술에 피를 흘리며 얼굴이 창백한 처녀 귀신이 나타나서 남자에게 복수하는 장면이 아직도 기억난다. 아버지는 그 프로가 끝나면 꼭 나에게 집 뒤에 있는 산에 가서 샘물을 떠 오라고 시킨다. 그런데 그 샘물에 가려면 반드시 무덤을 지나가야 한다. 그리고 샘물 부근에 풀들이 덮여있어서 얼마나 무서운지 모른다. 난 컴컴한 밤, 손에 주전자를 들고 손전등을 켜고 가는데 꼭 귀신이 나타나서 날 덮칠 것 같아서 미친 듯이 달려갔다. 아버지는 나에게 담력훈련을 시키려고 그런 심부름을 시켰다.

가을에는 남의 밭에 가서 몰래 딸기나 포도, 복숭아를 따서 먹기도 했다. 그러다가 들키면 친구들과 도망치느라 발에 땀이 나도록 달렸다. 어떨 때는 옥수수를 따서 계곡에 들어가 솥에 넣고 삶아 먹기도 했다. 난 추석 전에 아버지랑 매년 산에 송이를 따러 다녔다. 아무리 송이를 찾으려고 해도 내 눈에는 보이지 않는데 아버지는 신기하게 잘 땄다. 그래서 내가 "아버지는 어떻게 그렇게 송이를 잘 따세요?"라고 물었는데 아버지는 "난 송이가 나는 자리를 안다"라고 하셨다. 그렇게 송이를 따서 고깃국에 호박과 넣어서 먹으면 그 향과 맛이 기가 막힌다.

겨울에는 우리 집 앞에 언덕이 있어서 눈이 오면 경사진 곳을 비료 포대를 타고 온종일 썰매를 탔다. 어떨 때는 경사진 밭에 가서도 탔다. 높은 곳에서 너무 빨리 내려와, 브레이크를 잡지 못하고 붕 날아가 아래 언덕으로 떨어질 때도 있었다. 그리고 친구들과 편을 갈라서 눈싸움도 하고, 눈사람도 만들고 온종일 지치지도 않고 놀았다. 놀다가 배가 고프면 난 어머니 가게에 가서 과자나 빵을 먹고 또 놀러 나갔다. 또 시골 외할머니 집에는 숯불을 담아놓는 화로가 있다. 그 안에 감자와 고구마를 넣어 놓고 구워 먹으면 얼마나 맛있었던지….

그때가 가을인지 겨울인지 잘 기억이 안 나는데, 하루는 사촌 동생하고 산에 가서 화약 놀이를 하고 놀다가 그만 불이 나고 말았다. 사촌 동생은 울고 있고, 난 무서워서 숨었다. 그런데 불이 번져서 산불이 되었고 소방차와 마을 사람들이 화재 진화를 했다. 그때 난 경찰서에 잡혀갈까 봐 무서워서 혼이 났다. 그리고 친구들하고 정월 대보름에 쥐불놀이하고 놀다가 남의 묘를 태워 먹은 적도 있다. 돌이켜보면 개구쟁이 짓을 많이도 했다.

사건 사고도 있었지만 나는 봄, 여름, 가을, 겨울마다 다양한 놀이를 즐겼고 하루하루가 신이 났다. 지금도 그때를 생각하면 '그때가 참 좋았지!' 하는 추억에 젖어들곤 한다. 만일 내가 도시에 살았다면 그런 재미있는 추억이 별로 없었을 것이다. 그래서 난 어린 시절 시골에서 자랐던 것에 감사한다. 요즘 아이들은 학교 끝나면 학원에 다니고 온종일 공부만 해서 제대로 놀지도 못하는 것이 너무 안타깝다. 그리고 내가 어릴 때처럼 그런 다양한 놀이 문화가 사라진 것 같아서 아주 아쉽다.

초등학교를 생각하면 놀았던 기억밖에 나지 않는다. 그러다 보니 난 공부를 못했다. 그래서 수업 후에 남아서 나머지 공부를 하기도 했다. 초등학교 5학년까지 상을 한 번도 받아 본 적이 없었다. 그래서 난 공부에 재능이 없는 줄 알았다. 그런데 어느 날 아버지께서 상을 하나라도 받으면 자전거를 사주신다고 하셨다. 당시에 자전거를 타고 다니는 친구들을 보면 그렇게 부러울 수가 없었다. 그래서 난 태어나서 처음으로 자전거를 갖고 싶어서 정말 열심히 공부했다. 그리고 마침내 초등학교 6학년때 성적이 잘 나와서 우수상을 받게 되었다. 그때 '나도 공부를 하면 되는구나!' 하는 것을 깨달았고, 자전거를 받을 생각에 너무 기뻤다.

하지만 난 자전거를 갖지 못하게 되었다. 왜냐하면, 사촌이 자전거를 타다가 넘어져서 팔이 부러지는 사고가 났기 때문이다. 아버지는 그 소식을 듣고 너무 위험하다며 좀 더 크면 사주시겠다고 하셨다. 난 너무 실망했지만, 다행히도 그때부터 나도 할 수 있다는 자신감을 가지게 되었고 이후 열심히 공부해서 매번 상을 받게 되었다. 그래서 지금도 아버지의 지혜로운 행동에 감사를 드린다. 만일 아버지가 공부 못한다고 꾸짖거나 체벌을 했으면 오히려 더 반발해서 공부를 안 했을지도 모른다. 만일 독자 중에 나처럼 공부는 안 하고 매일 놀기만 하는 자녀가 있다면, 자녀가 가지고 싶어 하는 선물로 꾀어보는 것은 어떨까?

까마귀의 울음

"사망의 줄이 나를 얽고 불의의 창수가 나를 두렵게 하였으며 스올의 줄이 나를 두르고 사망의 올무가 내게 이르렀도다"(시 18:4-5).

나는 이제까지 살면서 다섯 번 피를 토했다. 초등학교 1, 3학년 때 메추라기 알 크기의 핏덩어리를 한 세숫대야만큼 토했다. 부모님은 너무 놀라서 서울의 큰 병원에 가서 검사했다. 지금도 생각나는 것은 큰 주사기를 내 명치 부근에 찔러 넣어서 뭘 빼내는 검사를 했던 것 같다. 그리고 핏덩어리를 가지고 그게 무엇인지 조사를 했던 것 같다. 하지만 뚜렷한 병명이나 원인은 밝혀지지 않았다. 그렇게 한 번씩 토하고 나면 그다음에는 아무 일 없었던 것처럼 멀쩡했다. 그런데 의사 말로는 만일 핏덩어리가 올라오다가 목에 막히면 죽을 수도 있는 위험한 상황이라고 했다. 그런데 이상하게도 3년 주기로 나에게 그런 안 좋은 일이 생겨났다.

초등학교 6학년 어느 날이었다. 아침에 일어나서 밖을 보았는데 날이 흐리고 까마귀가 깍깍하며 울고 있었다. 우리나라 사람들은 까마귀를 흉조라고 생각하기 때문에, 나도 뭔가 기분이 좋지 않았다. 그런데 갑자기 속이 메슥거리고 토하고 싶었다. 그래서 토했는데 예전에는 검붉은 핏덩어리였는데 이번에는 시뻘건 피가 나왔다. 게다가 검은색 변(피똥)을 쌌다. 처음에는 그러다가 괜찮겠지 했는데 계속해서 피를 토했다. 나중에야 상태가 심각하다는 것을 알고 어머니가 나를 큰 병원에 데리고 가려고 하는데 당시는 80년대 초라서 교통편이 원활하지 않았고 도로상황도 좋지 않았다. 일단 피를 너무 많이 쏟아서 나를 택시에 태워 도계 근처에 있는 장성의 어느 병원에 가서 급하게 수혈을 받았다. 하지만 나는 택시 안에서도 계속 피를 토했다. 어머니는 내가 죽는 줄 알고 빨리 큰 병원으로 가야 한다는 생각에 마음이 조급해지셨다.

그래도 서울은 너무 멀어서, 야간열차를 타고 원주기독병원에 갔다. 나는 열차 안에서도 계속 피를 토했다. 어머니가 우리 아들 살려달라고 말하자, 역무원이 방송으로 의사나 간호사들이 있으면 도와달라고 말했다. 의사와 간호사가 와서 나를 간호하며 어머니를 안심시키려고 했지만, 원주에 도착하기 얼마 전에 결국 과다출혈로 내가 기절하고 말았다. 의사는 나중에 내가 그렇게 피를 많이 흘리고 살아남은 것이 기적이라고 했다. 검사 결과 위궤양으로 판명되었고, 응급으로 대수술을 받았다. 수술실에 들어가기 전, 어머니는 내가 죽는 줄 알고 울고 계셨다. 피를 토하며 죽어가는 아들을 바라보는 어머니의 가슴이 얼마나 찢어졌을까… 아이를 낳고 키워보니 그 마음을 조금이나마 이해할 수 있을 것 같다.

그런데 그때 나도 모르게 어머니의 손을 잡으면서 "엄마, 걱정하지마! 하나님이 살려줄 거야"라고 얘기하고 수술실에 들어갔다. 나는 교회 유치원을 다니고, 초등학교 때는 어머니를 따라 교회를 다녔지만 믿음이 없었다. 그냥 교회에 가면 재미있는 게임도 많이 해서 놀러 다녔다. 그런데 내 입에서 그런 말이 나도 모르게 나왔다. 아마 나도 죽음의 문턱에서 살고 싶어서 하나님을 의지하고 싶었던 것 같다. 아마 어머니는 날 수술실에 보내놓고 하나님께 아들을 살려달라고 정말 간절하게 기도

하였을 것이다. 10시간이 넘는 시간 동안 수술실 밖에서 마음 졸이며 아들을 기다리던 어머니는 얼마나 힘드셨을까…. 글을 쓰면서 과거의 그 자리로 가서 어머니를 꼭 안아드리고 싶다. "엄마 사랑해요! 엄마 미안해요! 엄마 고마워요!".

상황이 너무 위급해서 급하게 대수술을 했는데 나는 위의 반을 절제하고 기적적으로 살아났다. 하나님이 나를 살려주셨다고 믿는다. 하지만 난 너무 억울했다. '이제까지 술도 한 모금 마신 적이 없는데 왜 위궤양에 걸려야 할까? 왜 태어나면서부터 몸이 약해서 이렇게 고통을 받아야 할까?' 병원에서 퇴원하고 나서부터 난 먹는 것을 조심해야 했다. 과식해도 안 되고, 맵고 짜고 기름진 것도 피하고, 위에 부담을 주지 않는 것으로 먹어야 했다. 그리고 저녁 늦게 먹는 것도 피해야 했다. 이것은 한창 클 나이인 나에게 너무 힘든 일이었다. 지금도 음식을 조심해서 먹어야 한다. 그렇지 않으면 위가 탈이 나서 애먹는다.

대수술은 내 몸에 엄청나게 큰 부담을 주었다. 게다가 음식도 마음껏 먹지 못하니 난 몸이 더 약해지고 왜소해졌다. 그래서 그런지 지금껏 살면서 아무리 먹어도 살이 찌지 않는다. 또한 병원에서 과격한 운동 같은 것은 하지 말라고 해서 친구들과 노는 것도 조심해야 했다. 그때부터 내 성격이 소극적이 되고 몸을 사리게 되지 않았나 하는 생각을 해본다.

나중에 하나님을 믿은 후에 어느 날 성경을 읽다가 어떤 구절이 눈에 띄었다. 마치 나의 어린 시절을 얘기하는 것 같았다. 시편 129편 1절부터 4절까지 말씀이다.

"이스라엘은 이제 말하기를 그들이 내가 어릴 때부터 여러 번 나를 괴롭혔도다. 그들이 내가 어릴 때부터 여러 번 나를 괴롭혔으나 나를 이기지 못하였도다. 밭 가는 자들이 내 등을 갈아 그 고랑을 길게 지었도다. 여호와께서는 의로우사 악인들의 줄을 끊으셨도다"(시 129:1-4).

그들을 질병으로 해석하니까 어렸을 때부터 여러 번 피를 토하고 죽게 하려고 했는데 결국 그 질병이 '나를 이기지 못해서' 난 죽지 않고 살아났다. 하지만 밭 가는 자가 고랑을 길게 지은 것처럼, 내 배에는 꽤 큰 수술 자국이 나 있다. 여호와께서 의로우사 질병들을 끊어내시고 나를 살리셨다. 물론 이것은 성경의 본디 의미가 아니다. 내 상황에 나름대로 적용한 것이다.

공부밖에 할 게 없어요

내가 태어나고 자란 삼척시 도계는 탄광촌이다. 읍내에 가면 하천이 흐르는데 물이 새카맸다. 기록에 의하면 도계 지역 석탄 산업은 일제강점기 시대에 개발을 시작했으며, 이곳은 광복 이후 우리나라 에너지 공급의 메카였다. 1960년대 초부터 1970년대 말까지 도계 탄광촌은 전성기였다. 광부 모집 경쟁률이 50:1까지 올라갔고, 주민등록상 인구는 49,000여 명이라고 하지만 실제 거주자는 6만 명 정도였다. 70~80년대 도계 지역은 장사가 아주 잘 되었다. 어머니는 슈퍼마켓을 운영했는데 새벽부터 밤늦게까지 쉬지 않고 일하셨다. 하루에 막걸리를 6박스씩 팔 정도로 손님이 많았다.

당시 광부들을 막장 인생이라고 불렀는데 땅속 몇백 미터 깊은 곳에 들어가서 탄을 캐는 것이 얼마나 힘든 일인지 모른다. 작은아버지들이 광부로 일하셨는데 갱 안에 들어가서 가만히 있어도 땀이 비 오듯이 쏟아진다고 했다. 밥도 그 안에서 먹어야 하며, 일도 힘들고 무척이나 위험했다. 그래서 사고가 일어나면 죽거나 다치는 경우가 많았다. 내 작은아버지도 탄광에서 사고로 돌아가셨다.

광부들은 목이나 폐에 남은 탄 찌꺼기를 씻어내야 한다면서 돼지고기를 많이 먹었다. 계곡 같은 곳에 가서 평평하고 넓적한 돌이나 슬레이트 판을 구해서 그 위에 고기를 구워 먹었다. 지글지글 소리를 내면서 고기가 익으면 고기를 쌈에 싸서 먹는데, 정말 맛있어 보였다. 그런데 난 그

맛있는 고기를 먹지 못했다. 돼지고기에는 비계가 붙어있는데 나는 비위가 상해서 비계를 도저히 먹을 수 없었다. 그래서 어머니는 그 비싼 소고기를 사서 나를 먹이곤 했던 기억이 난다. 그러면 내 여동생이 오빠만 맛있는 거 준다고 불평을 했다.

도계 지역 사람들은 막장 인생으로 살다 보니 사람들이 거칠고, 싸움을 많이 했다. 그것은 자녀들에게도 영향을 미쳐서, 중학교와 고등학교 때 하루라도 싸움이 없는 날이 거의 없었다. 날마다 액션 드라마나 영화를 찍었다. 그리고 밤에 골목길 같은 곳을 다니기가 무서웠다. 갑자기 불량한 애들이 나타나서 돈을 빼앗고 때리는 경우가 많았다. 나도 몇 번이나 돈을 빼앗기고 맞았던 기억이 난다.

학교에 다니면서 제일 싫어하는 과목이 체육, 음악, 미술이었다. 그래도 초등학교 때는 애들하고 많이 어울렸는데, 수술을 받고 나서는 예전처럼 애들과 잘 어울리지 못했다. 남자들은 운동하면서 친해지는 경우가 많은데 난 몸이 약해서 운동을 하지 않았다. 체육 시간에 아이들이 공을 찰 때 한쪽 구석에서 쭈그리고 앉아서 애들 운동하는 것을 지켜보는 것이 내 일상이었다.

부모님과 형제들은 노래를 다 잘하는데 이상하게 나만 음치다. 내 여동생은 노래를 잘 불러서 대회에 나가기도 했다. 한번은 음악 시간에 선생님이 앞에 나와서 노래를 부르라고 해서 불렀는데 친구들이 전부 킥킥거리고 웃었다. 난 창피해서 얼굴이 빨개져 고개를 들지 못했다. 그래서 난 노래를 시킬까 봐 장기자랑 같은 것을 싫어했다. 미술도 그림을 너무 못 그려서 항상 점수가 좋지 않았다. 너무 속이 상해서 어머니께 "난 왜 이렇게 재주가 없냐"고 불평을 늘어놓았다. 그러면 어머니는 재주가 많으면 피곤하다면서 "무 재주가 상팔자"라고 날 위로하곤 했다.

아무리 생각해봐도 내가 잘할 수 있는 것은 공부밖에 없었다. 그래서 죽으라고 공부만 했다. 당시 도계중학교가 한 반에는 60여 명 그리고 한 학년에는 700명가량 되었는데 반에서 1등을 하고, 전교에서는 10등 안에 들어서 늘 우등상을 받았다. 공부만 하고 싸움도 하지 않고 문제를 안 일으키니 전형적인 모범생이었다. 그러니 선생님들도 좋아했고, 친구들도 나에게 잘해주었다.

특히 중학교 수학 시간에는 급우들이 내 뒤에 앉은 친구를 그렇게 부러워했다. 왜냐하면, 당시 수학 선생님이 남자였는데 엄청 무서웠다. 박달나무와 플라스틱으로 된 큰 삼각자를 들고 다니셨다. 그 선생님은 문제를 칠판에 적어놓고 맨 앞에 앉아있는 학생에게 나와서 풀어보라고 했었다. 만일 못 풀면 손바닥을 박달나무로 된 몽둥이로 한 대 세게 때린다. 그리고 뒤에 있는 학생에게 또 풀어보라고 해서 이번에 못 풀면 두 대를 때린다. 그렇게 점점 한 대씩 늘어나다 보니 맨 뒤에 앉아있는 학생은 공포에 질려서 다리를 덜덜 떨었다. 그런데 나는 항상 문제를 푸니까 내 뒤에 앉아있는 아이는 안심을 했다.

가끔 선생님은 문제를 못 풀면 나오라고 해서 삼각 잣대로 귀를 긁었다. 그러면 아이가 아파서 소리를 질렀다. 선생님은 소리가 좋다고 더 긁는다. 나중에 피가 나오고 제대로 치료를 하지 않으면 고름이 나올 때도 있다. 지금 시대에는 있을 수 없는 일이지만 당시에는 선생님에게 꼼짝도 못 했다. 그래서 우리 반 아이들은 내가 선생님이 내는 문제를 맞히면 그렇게 좋아했다. 그래서 친구들이 내게 잘해주었다.

중학교 때 나는 신체검사 하는 날이 제일 싫었다. 매년 한 번씩 시행하는데 팬티만 입고 여러 가지 검사를 했다. 그런데 체육선생이 꼭 하는 것이 있었다. 남자들의 성기를 한 사람씩 나와서 보이고 가야 했다. 그것도 일종의 검사라는 것이다. 그 당시 친구들은 사춘기라서 신체적인 발육이 왕성했고 이차성징이 나타나고 있었다. 그런데 난 대수술을 하고 몸이 약하다 보니 다른 아이들보다 신체 성장이 좀 늦었다. 체육선생은 성기검사를 할 때 그냥 넘어가지 않고 꼭 한마디씩 평가를 했다. '크다, 작다, 털이 많다, 포경했다… 등등' 지금 생각하면 완전 성희롱이고 도저히 있을 수 없는 일이다. 하지만 당시에는 선생님의 말씀이 절대적이라서 아무 말도 못 했다. 나한테도 뭐라고 했는데…. 난 창피해서 얼굴이 새빨개졌고, 어떤 아이들은 선생님의 말씀을 듣고 나를 놀리곤 했다.

그리고 중학교 다닐 때 애들은 나를 색시라고 불렀다. 내가 곱상하고 피부에 털이 없고 매끈해서 여자 같다고 그런 별명을 붙여줬다. 그래서 어떤 덩치가 큰애는 나를 마치 자기 애인처럼 손으로 이곳저곳 만지고 쓰다듬곤 했다. 난 그게 싫어서 하지 말라고 해도, 그 아이는 짓궂게 계속 나에게 장난을 쳤다. 그래서 '나도 남자답게 생기고 건강하면 얼마나 좋을까?' 하고 생각할 때가 많았다. 태권도 같은 운동을 배워서 나를 놀리거나 괴롭히는 애들을 때려주고 싶었다. 그래서 난 액션 영화 보는 것과 무협지 읽는 것을 좋아했다. 내가 주인공이 되어서 악한 놈들을 때려

눕히는 상상을 하면서 스트레스를 풀었다.

꿈을 좇아서

내가 어릴 때만 해도 책이 많지 않았다. 부모님이나 친척 중에 책을 좋아하거나 읽는 분들이 없었다. 그래서 책을 접하기가 쉽지 않았다. 그런데 어머님이 초등학교 때 위인전 전집을 사주셨다. 이순신 장군, 세종대왕, 을지문덕… 등등. 그 당시에 그 책들을 얼마나 재미있게 읽었는지 몇 번이나 반복해서 읽었던 기억이 난다. 그래서 나도 크면 위인들처럼 훌륭한 사람이 되고 싶다는 생각을 했다.

어릴 때는 꿈이 자주 바뀐다. 나 같은 경우도 그랬는데 중학교 때 분명한 꿈을 가지게 되었다. 어릴 때부터 몸이 약해서 병원에 자주 다니다 보니 의사들을 많이 만나게 되었다. 그분들이 사람들의 병을 고쳐주는 모습이 좋게 보였다. 그래서 나도 크면 의사가 되고 싶다는 생각을 하게 되었다.

의사가 되기 위해서는 공부를 잘해야 하고 좋은 대학에 들어가야 한다는 것을 알았다. 그래서 난 강원도에서 제일 좋은 강릉고등학교를 가야겠다고 마음을 먹었다. 당시 강릉고의 재학생이 한 학년에 약 700명 정도 되었는데, 그중에 100등 안에 들면 서울에 있는 좋은 대학들에 갈 수 있었다. 하지만 강원도 전역에서 공부를 잘하는 학생들과 시험을 쳐서 합격해야만 들어갈 수 있었다.

도계중학교에서는 매년 20~30명 정도 강릉고등학교에 진학했다. 우리 학년에서도 약 26명 정도가 입학했다. 그런데 문제는 그 학교에 다니려면 집을 떠나서 하숙을 해야 했다. 부모님은 내가 집을 떠나서 잘할 수 있을지 걱정했다. 하지만 나는 집을 떠나서 친구들과 같이 생활하는 것이 자유롭고 아주 좋아 보였다. 그리고 도계라는 지역을 떠나고 싶은 마음이 컸다. 왜냐하면, 도계고등학교에서 명문대에 갈 확률이 거의 없기 때문이다. 그리고 공부할 분위기도 아니고 학교 내에서 싸움도 많이 일어나니까 더욱 가기 싫었다.

내가 부모님을 계속 설득하고 조르니까 마침내 허락을 해주셔서 난 강릉고등학교에 다니게 되었다. 나는 앞으로 명문대에 진학해서 훌륭한 의사가 되겠다는 꿈에 부풀어 정말 열심히 공부해야겠다고 마음먹었다. 당시 강릉고 주변에는 하숙집들이 모여있었는데 우리는 밤에 누가 더 오래 공부하는지 경쟁을 했다. 그래서 다른 하숙집에 불들이 꺼지고 나서 잠이 들면 마치 내가 공부를 많이 했다는 뿌듯한 마음이 들곤 했다.

1학년 초에는 전교에서 100등 안에 들었고 성적이 괜찮게 나왔다. 하지만 시간이 지날수록 성적이 점점 떨어지더니 나중에는 반에서 중간 정도 등수에 들게 되었다. 학생들이 모두 수재고 열심히 공부하니까 아무리 공부해도 성적이 오르지 않았다. 그래서 마음이 불안하고 스트레스를 많이 받았다. 그러다 보니 친구들과 어울리며 피시방이나 만화방을 다니거나 모여서 고스톱도 치고, 술과 담배도 했다(물론 나는 건강 때문에 안 했다). 그리고 향수병에 걸려서 매주 2시간 동안 열차를 타고 집에 갔다. 그래서 누가 집에 몇 주 동안 계속 가는지를 두고 내기를 했던 기억이 난다.

게다가 그 당시 사춘기가 찾아와서 '내가 왜 이렇게 공부를 해야 하는가, 나는 누구인가?'와 같은 근본적인 질문을 하면서 방황을 했다. 이상하게 마음이 허전하고 공허했다. 그리고 하숙을 하던 친구와도 사이가 틀어져서 다른 곳으로 숙소를 옮겨야 했고, 남이랑 방을 같이 쓴다는 것이 쉽지 않다는 것을 깨달았다. 이래저래 마음이 아주 힘들었다. 미래를 생각하니 불안하고, 부모님을 생각하니 미안하고, 나 자신에게 실망도 하게 되고 어디를 봐도 희망이 보이지 않았다.

당시 교회를 열심히 다니던 친구가 그런 나를 지켜보더니 좋은 교회가 있으니 같이 가자고 자꾸 권유했다. 안 그래도 마음이 허전하고 힘들었는데, 혹시나 하는 마음에 그 친구를 따라서 교회에 갔다. 어떤 남자 전도사님이 나를 반갑게 맞아주시면서 "복음을 들어봤냐?"고 물었다. 어렸을 때 교회를 다녔지만 나는 성경 내용을 잘 몰랐고, 복음에 대해서 들어본 적이 없다고 했다. 그랬더니 전도사님이 복음에 관해서 설명해주셨다. 천지창조, 인간의 타락, 예수님의 십자가와 부활, 믿음과 구원의 과정 등등…. 태어나서 처음으로 복음을 들었다. 그런데 도저히 복음이 이성적으로 이해가 되지 않았다. '왜 2천 년 전에 태어난 예수의 십자가 죽음이 나의 죄 때문이고, 그가 흘린 보혈이 어떻게 내 죄를 사할 수 있는지' 도저히 이해가 안 되었다. 그리고 예수가 행했던 기적들도 믿어지지 않았다.

전도사님은 복음을 전하고 나서 구원받고 싶으면 회개를 하라고 했다. 그래서 무릎을 꿇고 기도를 하는데 '나 같이 모범생이고 착한 학생이 무슨 죄가 있나? 내가 왜 죄인인가?' 하는 생각만 들고 도저히 나의 잘못이 떠오르지 않았다. 그런데 문득 어릴 때 친구들하고 과수원에 가서 과일 훔쳤던 것, 어머님이 하는 슈퍼마켓에서 돈을 훔쳐서 오락실 다닌 것이 생각나서 회개를 했다. 그랬더니 전도사님이 회개하고 예수를 믿으니 이제 내가 구원받았다고 축하한다고 했다. 하지만 난 구원을 받았다는 실감이 전혀 나지 않았다. 그리고 주일날 예배를 드리러 가서 찬송을 부르고 설교를 들어도 하나도 와닿지 않았다. 교인들이 하나님을 아버지라고 부르는 소리를 들으면서, 집에 아버지를 놔두고 왜 보이지도 않는 신을 아버지라고 하는지 이해가 가지 않았다. 그러다 보니 교회를 다녀도 재미없고, 시간 낭비만 하는 것 같아서 그만 다니게 되었다.

고등학교 1학년 겨울방학이 시작되었다. 난 집에 가지 않고 하숙집에서 공부하겠다고 강릉에 남았다. 어느 날 친구가 집에 놀러 와서 방에서 씨름을 했는데 잘못 넘어져서 그만 발가락뼈에 금이 가는 사고가 발생했다. 사고 이후 발가락이 너무 아프고 퉁퉁 붓기 시작해서 병원에 갔더니 깁스를 하라고 해서 치료를 받고 목발을 짚고 다니게 되었다. 그런데 그날 이후 화장실에서 검은 변을 보게 되었다. 그것은 내 몸 안에 지금 출혈이 일어난다는 증거였다. 그러더니 갑자기 또 피를 토하기 시작했다. 나는 초등학교 6학년 때의 악몽이 떠올랐다. '이제 난 죽었구나…' 하는 생각이 들었다. 위궤양이 재발한 줄로 알았다.

서울의 대학병원에 급히 가서 검사했는데 식도정맥류 때문에 출혈이 생겼다고 했다. 쉽게 말하면 식도의 정맥이 터져서 출혈이 생기는 병이었다. 80년대 중반에는 그 병을 치료하는 내시경 시술이 개발된 지 얼마 안 되는 시점이었고, 전문시술자가 많지 않았다. 다행히 난 우리나라 최고의 전문가를 만나게 되었고, 마취도 없이 내시경으로 정말 힘든 시술을 받았다. 출혈 부분에 약품을 주사기로 주입해서 그 부분을 딱딱하게 만들고 출혈을 멈추게 하는 시술이었다. 그런데 마취도 하지 않고 시술하니까 너무 고통스러웠다. 마치 불로 지지는 것 같았다. 게다가 내시경 시술을 얼마나 오래 하는지 내 느낌에 한 시간 정도는 한 것 같았다. 너무 고통스러워 내시경을 빼달라고 하는데 안 된다고 하면서 옆에 레지던트들이 돌아가면서 나를 관찰했다. 마치 내가 실험실의 쥐가 된 기분이 들었다. 얼마나 오래 하던지 의사들은 중간에 간식을 먹으면서 쉬는 시간을 가졌다.

그런 시술을 몇 번을 반복했는데 정말 지옥 같은 시간이었다. 지금도 그때의 악몽이 떠오르곤 한다. 출혈이 있는 상황에서 시술하는 것은 매우 어려워서 잘못하면 목숨을 잃곤 했다. 하지만 시술이 성공적으로 끝나서 다행히 생명을 구할 수 있었다. 정말 질기고도 질긴 목숨이었다. 하나님이 뜻이 있어서 날 살려주셨다고 믿는다.

"여호와여 주께서 내 영혼을 스올에서 끌어내어 나를 살리사 무덤으로 내려 가지 아니하게 하셨나이다"(시 30:3).

Part. 2

신앙의
보물을 찾다

 보물을 발견하다

병원에 입원해서 침대에 누워 있으면서 난 인생에 회의가 들었다. 살면서 담배 한 번 입에 대지 않았고, 술도 마시지 않았는데 왜 내 위는 구멍이 나야 하고, 또 피를 토해야 하는가? 나를 낳아주신 부모님도 세상도 모든 것이 원망스럽고 싫었다. 운동장에서 건강하게 뛰어놀고 학교에 다니는 아이들이 부러웠다. 내 마음에 빛은 사라지고 어둠만이 가득했다. 꿈도 사라지고, 학교에 다닐 의욕도 없고, 앞으로 살아갈 의미도 없었다. 강릉고등학교를 자퇴하고 어머니하고 도계로 가는데 어머니는 눈물을 흘리셨다. '내 아들은 왜 이런 고통을 겪어야 하는가? 왜 이 좋은 고등학교를 더 다니지 못하는가?'. 지금 부모가 되고 나서 그때를 돌이켜보니 어머니의 마음이 얼마나 참담했는지 상상이 간다.

도계로 내려온 난 학교에 다니지 않겠다고 했다. 그냥 어머니가 하시는 슈퍼마켓이나 지키면서 결혼도 하지 않고 평생 살겠다고 했다. 내가 할 수 있는 것이 아무것도 없다고 생각됐기 때문이다. 지금도 목발을 하고 고향 집 언덕에서 우울하게 서 있었던 모습이 아련하게 떠오른다. 그때는 정말 '내 인생은 이제 끝이다'라고 생각했다.

그러던 어느 날, 포항에 살던 고모가 병문안을 오셨다. 고모는 술로 인해 간경화 말기 환자가 되어 죽는다는 사형선고를 받았었다. 그런데 예수를 믿고 성령의 능력으로 병이 낫는 기적을 체험하신 분이다. 신앙이 뜨겁고 찬송과 기도를 쉬지 않는 분이다. 한글도 읽지 못하시는 분이 성경을 줄줄 읽으셨고 친척들을 만나면 쉬지 않고 전도를 하시는 분이다. 고모는 밤에도 입에서 '주여', '할렐루야', '아멘'을 계속 중얼거리면서 주무신다. 그래서 사람들이 고모 옆에 자려고 하지 않았다. 고모는 항상 친척들의 구원을 위해서 기도하셨고 거기에는 나도 포함되어있었다. 내가 아프다는 얘기를 들으시고 심방을 오셨다. 고모는 본인의 체험을 얘기하면서 나에게 '예수를 믿어라, 그러면 나처럼 변화된 삶을 살 수 있다. 하나님이 병도 고쳐주신다'라면서 계속 권면하셨다. 그런데 그 말이 내 마음을 파고들었다. 그래서 고모를 따라서 새벽에 집 옆에 있는 교회로 갔다.

새벽예배를 드리고 교회 마룻바닥에 무릎 꿇고 앉았는데 예전에 들었던 복음이 생각났다. 예전에는 무슨 뜻인지 이해가 안 갔는데, 그날은 복음이 깨달아지고 믿어지기 시작했다. 나는 죄인이고 지옥에 갈 수밖에 없지만, 예수님이 날 위해 십자가에 못 박히셔서 내 죄를 사해주셨다는 것이 깨달아졌다. 고모가 포항으로 돌아가고 나서도 난 혼자서 매일 새벽기도를 나갔다. 시간이 지나면서 이상하게도 설교 말씀이 마음에 와닿고 찬송가를 부르면 그렇게 눈물이 났다. '천부여 의지 없어서 손들고 옵니다. 주 나를 외면하시면 나 어디 가리까, 세상에서 방황할 때 나 주님을 몰랐네, 내 맘대로 고집하며 온갖 죄를 저질렀네, 나 같은 죄인 살리신 주 은혜 놀라워 잃었던 생명 찾았고 광명을 얻었네…'. 찬송가와 복음성가의 가사 하나하나가 마치 내 얘기 같아서 눈물이 계속 흘렀다.

예전에는 성경책을 읽어도 재미도 없고, 무슨 뜻인지도 몰랐는데 신기하게도 그 내용이 깨달아지고 믿어지기 시작했다. 그리고 성경책이 너무 재미가 있어서 정말 꿀송이 같다는 말이 실감났다. 그러면서 내 마음에 어둠이 걷히고 희망의 빛이 비치기 시작했다. 어느 순간 난 그리스도인이 되어있었다. 물과 성령으로 거듭난 새사람이 되었다. 절망과 원망과 어둠은 물러가고 희망과 꿈이 내 마음속에 잉태되기 시작했다. 하나님이 날 도와주시면 무엇이든지 할 수 있다는 자신감과 믿음이 생겨났다. 예전엔 세상이 너무 커 보이고 나 자신은 너무 초라해 보였는데, 예수를 믿고 나서는 세상이 너무 작아서 마치 내 손안에 들어오는 것 같이 느껴졌다. 세상 만물이 너무 아름다워 보였고, 천지가 새로워 보였다. 나무들이 춤을 추는 것 같았다. 질병과 고난도 나를 구원하기 위한 수단이었다는 것을 깨닫고 나니 모든 것이 감사했다.

밭에 감춘 보화를 발견한 사람처럼 난 천국을 발견하고 너무 흥분되었다. 내 얼굴은 해같이 빛났고, 그렇게 기쁠 수가 없었다. '항상 기뻐하고, 쉬지 말고 기도하고, 범사에 감사하는 삶'이 자동으로 이루어졌다. 나쁜 것은 조금도 하기 싫어졌다. 오직 하나님이 기뻐하는 것만 하고 싶어졌다. 그리고 주님을 모르는 사람들이 불쌍하게 생각되었다. 예전에 미워했던 사람들도 사랑스러워 보이기 시작했다. 나는 마침내 새사람이 되었다. 할렐루야!!

"천국은 마치 밭에 감춘 보화와 같으니 사람이 이를 발견한 후 숨겨 두고 기뻐하며 돌아가서 자기의 소유를 다 팔아 그 밭을 사느니라"(마 13:44).

"그런즉 누구든지 그리스도 안에 있으면 새로운 피조물이라 이전 것은 지나갔으니 보라 새것이 되었도다"(고후 5:17).

예수를 믿고 나서 나의 삶은 180도로 변화되었다. 부모님과 주변 사람들도 내가 갑자기 변화되니 무척이나 놀라워했다. 나는 어머님께 그동안 불평하고 원망했던 것을 회개하고 용서해달라고 했다. 이제부터 열심히 공부해서 훌륭한 사람이 되겠다고 말씀드리고 도계고등학교에 다시 진학했다. 예전에는 그 학교에 그렇게 가기 싫었는데 심령에 천국이 임하니까 환경은 문제가 되지 않았다. 어떤 학생들은 강릉고에서 도계로 다시 돌아왔다고 뒤에서 수군수군했지만 나는 전혀 개의치 않았다.

나는 학교에 다니면서도 새벽기도와 주일예배, 부흥회에 열심히 참석했다. 부흥회 때 강사님이 전해주시는 말씀이 얼마나 감동적인지 정말 큰 은혜를 받았고 내 신앙은 더욱 뜨겁게 불타올랐다. 그래서 만나는 사람들에게 내가 만난 예수님을 전했다. 당시 우리 집은 어머니만 교회를 다녔지 아버지나 동생들은 다니지 않았다. 하지만 내가 변화되고 나서 나중에 모두 교회를 다니게 되었다. '주 예수를 믿으라. 그리하면 너와 네 집이 구원을 받으리라!', 할렐루야!

나에게는 세 명의 동생들이 있다. 둘째가 이희옥이다. 나와 연년생이다. 셋째는 이효진이다. 세 살 때 얼굴과 왼쪽 손에 화상을 입어서 죽다가 살아났다. 지금은 예수를 아주 잘 믿고 결혼해서 아이가 둘이나 있다. 『네 약함을 자랑하라』, 『네 약함이 축복이라』, 『세상에서 제일 예쁜 엄마』를 출판하고 방송에도 출연할 뿐 아니라 전국 교회에 다니면서 간증을 했는데 지금은 쉬고 있다. 하나님 나라의 복음을 전하는 미스 헤븐으로 활동하고 있다. 넷째는 이희승이다. 내 막내 남동생이다. 이 중에서 나와 사이가 가장 안 좋은 동생이 둘째 여동생 희옥이었다.

희옥이는 형제 중에 가장 건강했다. 그리고 중학교까지 나보다 키가 컸다. 그래서 동네 사람들이 여동생이 누나고 내가 동생 같다고 놀렸다. 그런데 그 소리가 그렇게 듣기 싫었다. 특히 초등학교 6학년 위궤양 수술을 받고 나서 몸이 더 안 좋아지고 여동생이 신체적으로 더 월등해 보였다. 또 연년생이다 보니까 내게 안 지려고 대들기도 해서 자주 싸웠다. 어떤 날은 내 성질을 못 이겨서 동생이 여자인데도 내가 얼굴을 막 때리고 그랬다. 그래서 동생이 나를 아주 싫어했다. 지금 생각해보면 여동생에 대한 열등감이 내 안에 자리 잡고 있었다.

그런데 예수를 믿고 성령을 받고 변화되고 나니 내 마음에 미움은 다 사라지고 오직 하나님의 사랑만 가득하게 되었다. 그 여동생이 그렇게 사랑스러워 보였다. 이것은 도저히 인간이 할 수 없는 일이다. 그래서 그 때부터 동생에게 정말 잘해주었다. 말도 따뜻하게 하고, 어려운 일이 있으면 도와주고, 심지어 신발 사는 데까지 같이 따라가서 골라주곤 했다. 그래서 내 여동생 친구들이 '너희 오빠 정말 자상하다'라고 하면서 나에게 관심을 가지기도 했다.

그러던 어느 날이었다. 여동생이 내게 찾아와서 이렇게 고백했다. "오빠가 너무 많이 변해서 옛날 모습이 잘 기억 안 나… 나한테 너무 잘해줘서 고마워"라면서 눈물을 흘렸다. 그리고 "나도 오빠가 믿는 예수님 믿고 싶다"고 교회에 가겠다고 했다. 그때 내 마음이 얼마나 기뻤는지 모른다. 가족 전도가 제일 어려운데, 내가 먼저 변하니까 자연스럽게 전도가 되었다.

"너희는 세상의 빛이라 산 위에 있는 동네가 숨겨지지 못할 것이요. 사람이 등불을 켜서 말 아래에 두지 아니하고 등경 위에 두나니 이러므로 집 안 모든 사람에게 비치느니라. 이같이 너희 빛이 사람 앞에 비치게 하여 그들로 너희 착한 행실을 보고 하늘에 계신 너희 아버지께 영광을 돌리게 하라"(마 5:14-16).

잊을 수 없는 선생님

고등학교 2, 3학년 때, 담임선생님은 이해운 선생님이었다. 그분도 도계 출신이었는데 나에게 너무 잘해주셨다. 초·중·고 12년 중에 가장 기억에 남는 선생님이다. 선생님은 내가 전학 왔을 때 이런 말을 했다. "네가 강릉고등학교에서 공부를 잘하지 못해서 아무리 공부를 열심히 해도 내신 1등급 받기는 힘들다". 그래서 나는 '할 수 없지, 뭐! 그냥 2등급이나 받자'라고 마음 편하게 생각했다.

선생님은 내가 공부를 잘하니까 내게 기대하고 있었다. 당시 난 의사가 되기 위해서 이과에서 공부하고 있었다. 학교 수업이 끝나면 밤 10시까지 남아서 야간자율학습을 했다. 하지만 부흥회 기간에는 선생님께 교회에 가야 한다고 보내달라고 했다. 선생님은 예수를 믿지 않는 분이셨다. 그래서 내게 "내가 이제까지 선생 하면서 교회 열심히 다니는 애중에 제대로 된 대학 가는 학생을 본 적이 없다"라면서 안 보내주시는 것이었다. 그래서 "제가 반드시 열심히 공부해서 예수를 믿는 학생도 좋은 대학에 갈 수 있다는 것을 보여드리겠습니다"라고 얘기를 했다. 그리고 부흥회 보내달라고 다시 졸랐다. 그랬더니 약속을 지키라면서 보내주셨다. 그래서 나도 "제가 만일 대학에 가면 선생님도 교회에 나오십시오"라고 했더니, 선생님께서 그러겠다고 하셨다.

그래서 난 선생님과의 약속을 지키기 위해서라도 정말 열심히 공부했다. 그리고 하나님이 지혜를 주시니까 공부가 잘되었다. 그 당시에는 학교 외에 공부를 배울 만한 과외선생님이나 학원이 없었다. 그래서 모르는 것이 있으면 교무실로 영어, 수학, 국어 선생님들을 찾아가서 질문했다. 그런 학생은 나밖에 없었다. 나는 모르면 알 때까지 끈질기게 매달렸다. 그래서 나중에 내 5년 후배에게 들었는데, 영어 선생님이 내 얘기를 하면서 '내가 선생 생활하면서 그렇게 끈질긴 놈은 처음 봤다'라고 하면서 '너희들도 대학 들어가려면 그 정도로 열심히 공부하라'고 했다고 한다. 그렇게 나는 나도 모르게 후배들 사이에서 유명한 인사가 되어있었다.

고등학교 3학년이 되어서, 난 사람의 병을 고쳐주는 의사보다 영혼을 구원하는 목사가 되고 싶은 열망이 간절해지기 시작했다. 그래서 선생님께 신학대학을 가고 싶다고 말씀을 드렸다. 그랬더니 '너 성적이 아깝다'라고 말씀하시면서 일반대학을 갔다가 신학대학원을 가는 것이 어떻겠냐고 말씀하셨다. 그런데 난 하루라도 빨리 신학을 공부하기 위해서 신학대학을 가고 싶다고 그랬다. 나중에 선생님께서 부르셔서 '그렇다면 연세대학교 신학과를 가라'고 얘기하셨다. 난 그때까지만 해도 연세대학교에 신학과가 있는 줄을 몰랐다.

당시 난 도계성결교회를 출석하고 있었는데, 목사님께 "연세대학교 신학과를 가는 것이 어떻겠냐?"고 말씀드렸다. 목사님께서는 "연세대학교는 너무 자유주의 신학을 가르친다고 그곳에 가면 신앙이 흔들릴 수 있다"고 가지 말라고 하셨다. 차라리 "성결교단의 서울신학대학교로 가라"고 조언해주셨다. 난 선생님과 목사님의 말 사이에서 고민했다. 그런데 선생님께서 "내가 너에게 연세대학교 가라고 하는 것은 종합대학에서 학문을 폭넓게 배우고, 다양한 사람과의 교류를 통해서 포용력 있는 사람이 돼라"라는 뜻에서 권하는 것이라고 했다. 그 말이 내 마음에 와 닿았다. 그래서 난 연세대학교 신학과에 진학하기로 결심했다.

그래서 난 이과에서 문과로 전과했다. 그래서 모의고사는 문과 시험을 보고, 내신 성적을 위해서는 이과 공부를 했다. 그러니까 문과와 이과 공부를 모두 해야 하는 것이었다. 나는 공부할 분량이 더 많이 늘어나서 부담되었다. 그래서 하나님께 지혜를 달라고 기도를 했다. 그리고 야간 자율학습이 끝나면 집으로 가지 않고 교회로 갔다. 당시 나는 교회 바로 옆에 살고 있었다. 집으로 가서 자면 새벽기도 때 못 일어날까 봐, 난 교회 마룻바닥에서 이불을 깔고 잠을 잤다. 그리고 새벽에는 예배를 드리고 집에 가서 아침밥을 먹고 학교에 갔다. 그래도 성령이 충만해서 너무 기뻤다.

그러던 어느 날 선생님이 좋은 소식을 전해주셨다. 아버지가 다니는 '대한석탄공사'에서 장학생을 한 명 선발하는데, 내가 뽑혀서 50만 원을 받게 되었다. 그래서 아버지는 나를 자랑스러워하시면서 아주 흐뭇해하셨다. 시간이 더 지나 대학 원서를 쓰기 전인데 선생님이 부르셨다. 선생님이 흥분하셔서 "희준아, 기적이 일어났다. 네가 내신 1등급이 되었다. 원래 불가능한 일이었는데 총점 2점 차이로 되었다"고 하셨다. 그리고 "3학년 성적의 총점을 얼마의 수로 나눴는데 4.500이 되었다"면서 이렇게 딱 떨어지는 경우는 거의 없다면서 기적이라고 했다. 또한, "내가 우등상도 받게 되었다"고 말씀하시면서 기뻐하셨다. 나도 생각지도 않은 기쁜 소식에 "할렐루야!"를 외치며 하나님께 감사를 드렸다.

드디어 대학교 원서를 쓰는 날이 되었다. 그때까지만 해도 도계고등학교 역사상 연세대학교에 합격한 학생이 한 명도 없었다. 그래서 난 약간 불안했다. '내가 과연 합격할 수 있을까?' 그래서 선생님께 "자신이 없다"라고 했더니, 선생님께서 "걱정하지 마라. 내가 보니 넌 '하나님이 함께하는 사람'이다. 틀림없이 합격할 것이다"라고 말씀하시며 격려해주셨다. 믿음 있는 나는 자신이 없어 하는데 믿음 없는 선생님은 나보다 더 합격을 확신하는 아이러니한 일이 벌어졌다.

"이삭이 그들에게 이르되 너희가 나를 미워하여 나에게 너희를 떠나게 하였거늘 어찌하여 내게 왔느냐? 그들이 이르되 여호와께서 너와 함께 계심을 우리가 분명히 보았으므로 우리의 사이 곧 우리와 너 사이에 맹세하여 너와 계약을 맺으리라 말하였노라"(창 26:27-28).

난 하나님께 모든 것을 맡기고 연세대학교 신학과에 원서를 접수했다. 그리고 시험 치는 날, 연세대학교에 갔다. 어머니와 시험 전날 상경하여 서울의 모텔에서 하룻밤을 자고, 다음날 시험을 보러 갔다. 그런데 이상하게 마음이 평안했다. 시험 치기 10일 전부터 이상하게 계속 잠이 쏟아져서 공부를 제대로 못 했다. 알고 보니 하나님이 나의 몸 상태를 최상으로 만들어주기 위해서 잠을 주신 것 같았다.

"너희가 일찍이 일어나고 늦게 누우며 수고의 떡을 먹음이 헛되도다. 그러므로 여호와께서 그의 사랑하시는 자에게는 잠을 주시는도다"(시 127:2).

그때 시험 문제 중에 지금도 기억하는 영어 문제가 있다. '정직이 최선의 정책이다'를 영어로 영작하라는 문제였다. 링컨의 유명한 말이기 때문에 난 외우고 있었다. 그래서 자신 있게 'Honesty is the best policy'라고 썼다. 그날 저녁 나와 어머님은 모텔에서 문제 풀이 방송을 시청했다. 그래서 내가 맞은 문제가 나오면 '할렐루야'를 외쳤고, 어머니는 '아멘'이라고 외쳤다. 그날 밤 모자간에 '할렐루야', '아멘'의 소리가 온 방을 가득 채웠다.

탄광촌 소년에게 일어난 기적!

연세대학교 합격자 발표 날이 되었다. 난 너무 긴장되었다. 연세대학교 교정의 합격자 발표장에 갔다. '두근두근'하는 가슴을 진정시키면서 합격자 명단을 살피는데, 내 수험번호와 이름이 있는 것이 아닌가! 얼마나 기쁜지 "할렐루야!"를 외쳤다. 기쁜 소식을 부모님과 학교에 전했더니 온 학교와 동네가 발칵 뒤집혔다. 도계고등학교 역사상 최초로 연세대학교 합격자가 나온 것이다. 좀처럼 감정표현을 잘 안 하시는 아버지도 너무 기뻐서 얼굴에 웃음꽃이 피었다. 아버지는 회사에서 축하 인사를 받느라고 정신이 없으셨다. 동네에 '이희준 학생 연세대학교 합격'이라는 플래카드가 붙었다. 난 내 인생에 놀라운 반전과 기적을 가져다준 하나님께 진심으로 감사와 영광을 돌렸다.

담임선생님도 너무 기뻐하셨다. 부모님은 동네잔치를 벌였고, 담임선생님과 일본어 선생님을 초대해서 음식을 대접했다. 그리고 담임선생님은 나와 한 약속대로 도계성결교회에 등록해서 신앙생활을 시작하셨다. 그뿐만 아니라 그동안 교회를 안 다니시던 아버지도 교회에 나가게 되었다. 내 기도 제목대로 온 가족의 복음화가 이루어지게 되었다. 할렐루야!!

이해운 선생님은 나를 진심으로 아껴주신 은사님이셨다. 나를 이해해주시고, 지지해주셨다. 선생님은 몇 년 후에 도계고등학교를 떠나서 강릉고등학교로 전근을 가셨다. 그런데 그 당시 난 장신대학원을 졸업하고 강릉에서 부목사를 했다. 그런데 교회 집사님께서 어느 날 나에게 "목사님, 제 아들이 강릉고등학교에 다니는데 국어 선생님이 자기 제자 얘기를 가끔 해주시는데 꼭 목사님 얘기 같아요"라고 말했다. 그래서 "뭐라고 하셨나?"라고 물었더니, "자기가 도계고등학교에서 선생을 할 때 제자가 있었는데 예수에 미쳐서 그렇게 교회를 열심히 다녔다. 그리고 야간자율학습도 빼먹고 부흥회를 쫓아다니면서도 공부를 진짜 열심히 해서 연세대학교를 갔다. 너희들도 예수를 믿으려면 내 제자처럼 제대로 믿어라"고 했다는 것이다.

그래서 난 "국어 선생님 성함이 어떻게 되세요?"라고 물었는데 '이해운 선생님'이라고 했다. 난 깜짝 놀랐다. 아마도 선생님은 내가 너무 인상 깊었던가 보다. 그래서 수업할 때 내 얘기를 계속했던 것 같다. 난 선생님께 예수를 믿는 사람으로서 좋은 영향을 미친 것 같아서 너무 감사했다. 그리고 선생님을 만나 뵙고 음식 대접을 해드리고 좋은 시간을 보냈다.

난 불과 2년 전만 해도 몸과 마음이 만신창이가 되어서 모든 꿈과 의욕을 잃어버리고 인생을 포기했던 사람이었다. 그리고 어머님은 강릉고등학교를 떠나오면서 슬픔의 눈물을 흘리셨었다. 그런데 예수님을 믿고 성령으로 거듭나서 하나님의 자녀가 되고 새로운 존재가 되자 하루하루가 감사와 기쁨과 기적의 연속이었다. 나와 함께 강릉고에 진학했던 친구 중에 나보다 더 좋은 대학에 간 사람이 없었다. 하나님은 나를 친구들보다 높여주셨다.

난 그때 진리를 깨달았다. "실패와 좌절과 절망은 환경에서 오는 문제가 아니라 마음으로부터 오는 문제다. 내 마음에 부활의 예수님이 계시면 어떤 고난도 극복할 수 있다"는 것을 깨달았다. 내게 능력 주시는 자 안에서 난 모든 것을 할 수 있다. 인생 승리와 역전의 비결은 '빌사일삼'에 있다.

"내게 능력 주시는 자 안에서 내가 모든 것을 할 수 있느니라"(빌 4:13).

그해 겨울에 도계성결교회에서 문학의 밤이 열렸다. 많은 성도님과 학생들이 참여했다. 난 그때 내가 만난 예수 그리스도와 그로 인한 변화와 기적에 대해서 간증을 했다. 많은 사람이 내 간증에 감동과 은혜를 받았다. 동생들도 나를 보면서 하나님이 살아 계신다는 것을 깨닫고 더 열심히 공부해서 우리 4남매는 모두 학원 한 번 안 다니고 대학교에 합격할 수 있었다. 그때 난 장남이 얼마나 중요한지 깨닫게 되었다. 맏이가 하는 것을 동생들이 따라서 배운다. 당시 도계에서 4형제 모두 대학에 간 가정은 우리가 유일할 것이다. 그래서 부모님 친구분들이 '희준이 아버지, 어머니는 복이 많다'라고 그렇게 부러워하셨다. 오랜만에 부모님께 효도한 것 같아서 정말 감사했다.

"여호와께 감사하라 그는 선하시며 그 인자하심이 영원함이로다. 신들 중에 뛰어난 하나님께 감사하라 그 인자하심이 영원함이로다. 주들 중에 뛰어난 주께 감사하라 그 인자하심이 영원함이로다. 홀로 큰 기이한 일들을 행하시는 이에게 감사하라 그 인자하심이 영원함이로다"(시 136:1-4).

연세대학교 자퇴할래요!

시간이 흘러 드디어 1989년 3월 2일 입학식 날이 되었다. 연세대학교 정문을 들어가면서 내가 드디어 연대생이 되었다는 것이 실감 났다. 시골에만 있다가 처음으로 대학교를 들어가서 둘러보는데 학교가 너무 큰 것이었다. 건물들도 많고 학생들도 정말 많았다. 그동안 난 '우물 안의 개구리'였다는 것을 깨달았다. 모든 것이 신기하고 새롭게 보였다. 특히 내가 공부할 신학관은 돌로 된 건물인데 담쟁이덩굴로 덮여있어서 뭔가 역사적인 유적지 같아 보였다. 나중에 난 그 건물에서 윤동주 시인이 공부했다는 얘기를 듣고 놀랐다. 또한, 연세대는 1885년 언더우드 선교사가 세운 최초의 사립대학이자 기독교 학교였다.

난 연세대 신학과에 입학하면서 기대를 참 많이 했다. 훌륭한 교수님 밑에서 성경을 많이 배우고 신앙 좋은 선배와 친구들을 사귈 수 있다고 믿었다. 그런데 그런 기대와 믿음은 학교생활을 해나가면서 점점 실망과 후회로 바뀌게 되었다. 80년대 말 대학가는 군부독재에 반대해서 연일 데모를 했다. 그래서 신학과 선배들도 모여서 사상교육을 받고 나가서는 데모에 동참했다. 난 1989년에 대학교에 입학했는데, 그해 7월 1일에 북한의 수도 평양에서 제13차 세계청년학생축전이 열렸다. 남한에서는 임수경이 밀입북해서 참가하였으며 그 사건으로 대학가가 시끄러웠다. 동시에 11월 9일에는 독일의 베를린 장벽이 붕괴하는 역사적인 해이기도 했다.

당시 꿈에 부풀어서 오리엔테이션에 참가했는데, 신학과 선배들이 술과 담배를 하면서 신앙적인 얘기보다 정부에 대한 불만을 터뜨리는 모습을 보고 충격을 받았다. 물론 연세대 선배들이 모두 그런 것은 아니었다. 일부 운동권 선배들이 학생 임원이었고, 그들이 학생회 활동을 활발하게 해서 그렇게 보인 것이다. 내 간증은 그들에게 유치한 신앙에 불과했고, 그들은 이제 자신들이 얘기하는 사상교육을 통해서 새롭게 변화되어야 함을 강조했다. 그리고 사회참여를 통해 행동하는 신앙인이 되어야 한다고 나를 설득했다.

수업 시간에 몇몇 교수님들의 강의를 들으면서 성경이 하나님의 말씀이라기보다는, 문학작품이나 종교문서로 생각되기 시작했다. 창조 이야기나 노아의 홍수는 신화나 설화로 설명되곤 했다. 첫 학기에 신약개론을 배웠는데 수업을 들을 때마다 성경의 모순점들이 있음을 알게 되었고 '성경이 정말 믿을 수 있는 하나님의 말씀인가?' 의심이 생기게 되었다. 그리고 현대신학 시간에는 소위 자유주의 신학자들의 사상에 대해서 배웠는데, 내 신앙으로는 도저히 받아들이기 힘든 내용이 많았다. 난 '학교를 잘못 들어왔다'라는 생각이 들었다. '고3 때 목사님 얘기를 들어야 했는데 내가 잘못된 선택을 했구나' 하는 후회가 들었다. 그래서 부모님께 "난 이 학교를 도저히 다닐 수 없으니 자퇴를 하겠다"라고 폭탄선언을 했다. 부모님은 너무 놀라서 '왜 그러냐고?' 난리가 났다. 내 얘기를 듣고 나서, 부모님은 '이젠 돌이킬 수 없으니, 참고 잘 다녀보라'고 설득했다. 그래서 난 학기 초니까 좀 더 공부해보자고 마음을 다독이고 학교를 계속 다니기 시작했다.

난 연세대 신학과에 입학한 동기들과도 잘 어울리지 못했다. 처음에 나는 신학과니까 당연히 앞으로 목사가 되기 위해서 온 학생들이라고 생각했다. 그런데 입학한 이유가 다양했다. 어떤 학생은 신앙이 없는데 기독교를 공부해보고 싶어서 왔고, 어떤 학생은 연세대라는 간판을 따기 위해서 오기도 했다. 그래서 졸업하고 나서 목사가 되는 예도 있지만, 일반 직장 생활을 하는 선배들도 많았다. 그리고 시국이 어수선하고 데모가 계속되면서, 동기들도 생각이 여러 가지로 갈렸다. 어떤 친구는 열심히 사상 교육을 받아 데모에 참여하고, 또 어떤 친구는 조용히 기도하면서 열심히 학생으로서 공부했다. 그리고 술, 담배를 하는 친구도 있고 하지 않는 친구도 있었다. 난 이런 분위기에 적응하는 것이 힘들었다.

돌이켜보면 그때 난 신앙적으로 아직 어렸고, 학문적으로 전혀 기초가 없는 상태였다. 그리고 다양성을 인정하고 포용할 인격적 그릇이 되지 못했다. 그래서 외국에서는 신학을 일반대학을 졸업한 후에 대학원에서 가르치기 시작한다는 생각이 들었다. 나와 달리 신학과에 잘 적응하는 부류들이 있었다.

우선 사회생활을 하다가 소명을 받고 신학과에 늦은 나이에 입학하는 분들이다. 그분들은 대학생활을 통해서 학문의 기초를 닦았고, 사회생활을 통해서 산전수전 다 겪으셨으며, 오랜 교회 생활을 통해서 신앙의 연조도 깊으신 것으로 보였다. 그래서 그런지 전혀 흔들림 없이 신학 공부를 열심히 잘하셨던 것 같다. 나중에 보니까 그분들 중에 한 분은 큰 교회에서 부목사로 사역을 하고 계셨다.

동기 중에도 목회자 자녀들이나 미래에 대한 뚜렷한 계획을 세우고 신학과에 입학한 학생들은 학교생활을 잘했던 것 같다. 하지만 나는 고민을 들어주고 상담해주고 이끌어줄 만한 멘토가 없었다. 아니면 하나님이 보내주셨는데 내가 그분들의 얘기를 귀담아듣지 않았는지도 모르겠다.

난 영적 고민과 갈증을 해결할 길을 찾기 시작했다. 그래서 선교단체 중에 대학생선교회(CCC)에 가입했다. 난 오히려 간사님들과 선교단체 학생들과 더 잘 통했던 것 같다. 선교단체 선배들, 동기들과 사랑방에서 단체생활도 몇 개월 했다. 그리고 여름 수련회에 가서 김준곤 목사님의 은혜로운 메시지를 듣고, 전도훈련도 받았다. 그 후에는 거지전도여행을 다녔다. 예수님의 말씀대로 돈도 없이 그냥 믿음으로 동네에 들어가서 전도하고, 필요한 것을 기도로 구했다. 그런데 정말 단 한 번도 굶지 않고 잠자리도 다 해결되었다. 그리고 겨울에는 금식 수련회에 참석해서 금식도 하고 다양한 지체들과 사귐도 가졌다. 하지만 학교생활은 여전히 힘들었다.

대학생활을 돌이켜 보면 힘들고 방황했던 기억밖에 안 난다. 그래서 돌파구를 찾기 위해서 가끔 엉뚱한 행동을 했다. 대학교 2학년 때 난 학교 근처에 있는 장로교회를 다녔다. 특히 그 교회의 청년부 회장과 아주 친하게 지냈다. 그런데 그 형이 어느 날 '우리 미국에 어학연수를 가자'라고 꾀는 것이다. 당시 1989년 1월 1일은 국외여행 전면 자유화가 실시되면서 대학생들 사이에 해외 어학연수를 가는 바람이 불기 시작하던 때였다. 하지만 비용이 많이 들어서 난 갈 생각도 하지 않았다. 그리고 해외에 나가 본 적도 없어서 호기심은 있었지만 주저하는 마음도 있었다. 그러나 결국 그 형의 꼬임에 넘어가서 부모님께 얘기도 안 하고 덜컥 간다고 여행사에 신청했다.

대학교 3학년 여름방학이 다가오는데 갑자기 그 형이 자기가 일이 생겨서 미국에 못 가게 되었다고 나 보고 혼자 가라고 말했다. 당시 난 생각이 정확히 안 나는데 그 형과 돈을 마련할 계획을 세웠던 것 같은데, 그 형이 못 가는 바람에 나도 졸지에 갈 수 없게 되었다. 내가 무슨 돈으로 어학연수를 간단 말인가? 미국에 간다고 잔뜩 기대하고 준비를 했는데 가지 못하게 되자 많이 실망했다. 그래서 고향의 부모님께 사실대로 얘기했다. 솔직히 집안 형편이 넉넉지 않아서 난 기대도 안 했다. 그냥 얘기나 해보자는 심정으로 말씀을 드린 것이다. 그런데 얼마 후 아버지가 부르더니 날 보고 "정말 미국에 가고 싶냐?"고 물으셨다. "그렇다"라고 하자, 아버지가 돈을 마련해줄 테니 갔다 오라고 하셨다. 난 순간 아버지의 사랑에 너무 감격했다. 지금 자식을 키우면서 그때 아버지의 마음을 조금 알 것 같다. 본인은 힘들지만, 자식을 위해서 뭐라도 해주고 싶은 마음…. 아버지! 죄송합니다. 감사합니다. 사랑합니다.

🫧 신의 아들이 되다

난 대학생 때 사람들에게 이런 얘기를 많이 들었다. "아파 보인다. 얼굴이 왜 그렇게 창백하냐?" 당시 내 얼굴엔 핏기가 별로 없었다. 나중에 알게 되었는데 위를 절제한 사람은 음식으로 철분을 잘 흡수하지 못해서 빈혈이 심하다는 것이었다. 그래서 철분제를 꼭 먹어야 한다. 그런데 난 초등학교 6학년 때 수술을 했고, 그땐 너무 어려서 그런 사실을 잘 몰랐다. 그리고 결정적으로 내가 알지 못하는 비밀스러운 병이 있었기 때문에 자주 피곤하고, 아파 보였다.

남자들은 군대에 가기 전에 신체검사를 받는다. 내 기억으로는 대학교 2학년 때 신검 통지서가 나왔던 것 같다. 그래서 원주기독교병원에 가서 위궤양 수술한 기록과 의사 진단서를 받았다. 그리고 고려대학교 안암병원에 가서 고등학교 1학년 때 내시경 시술했던 과장님께 군대 신검을 받으러 가니까 진단서를 떼달라고 했다. 그래서 과장님 밑에서 일하는 의사가 내가 식도정맥류가 있다고 진단서를 적어주었다. 그런데 과장님이 그것을 보더니 의사에게 화를 막 내는 것이었다. "너 나 감방 보낼 일 있어! 이 환자 군대에 가서 잘못되면 어떻게 하려고 그래! 병명을 똑바로 적어야지! 이 환자는 간경화 환자야!" 하면서 간경화 진단서를 떼어주는 것이었다. 순간 난 망치로 뒤통수를 한 대 맞은 것 같이 멍해졌다. 그래서 과장님께 "내가 간경화 환자라고요? 정말로요?" 했더니 선생님이 "간경화로 인해서 식도정맥류가 생긴다"라고 하셨다. 그리고 "간경화가 있는 한 식도정맥류는 계속 생길 수 있다"면서 정기적으로 검사를 받으러 오라고 했다. 과장님이 내가 시술받을 당시 너무 어렸고, 부모님과 내가 충격을 받을까 봐 얘기하지 않았던 것 같다.

난 집에 돌아와서 간경화에 관한 책을 사서 읽어보았다. 간경화에 걸리면 간이 딱딱해지고 그것으로 인해 여러 가지 합병증이 오며 현대의학으로는 고칠 수 없는 불치병이라고 적혀있었다. 그래서 난 결국 군대 완전 면제를 받게 되었다. 당시 군대 면제자를 '신의 아들'이라고 사람들이 부러워했다. 하지만 난 전혀 기쁘지 않았다. 차라리 건강해서 군대에 가는 청년들이 그렇게 부러웠다.

난 연세대학교 세브란스 병원에 가서 의사와 상담했다. 의사는 내 건강상태를 모두 체크하고 나에게 "학생은 스트레스를 많이 받아도 안 되고, 무리한 일을 해도 안 된다"라고 말했다. 간에 안 좋다는 것이다. 그리고 "무리한 일이나 힘든 운동을 하면 식도에 압력이 가해져서 정맥류가 터질 수 있으니까 조심하라"고 했다. 그래서 나는 "선생님, 사람이 살면서 어떻게 스트레스도 안 받고 무리한 일두 안 하고 살 수 있습니까?"라고 대답했다. 그랬더니 무슨 과냐고 물었다. 그래서 신학과라고 했더니, 앞으로 목사가 될 거냐고 물어서 '그렇다'라고 대답했다. 의사 선생님은 난감한 표정을 지으면서 어찌 됐든 최대한 스트레스를 피하고 무리하지 말라고 하셨다.

의사 선생님과 상담을 하고 나서 난 마음이 답답해졌다. 그래서 내 신세를 한탄했다. '이놈의 질병은 왜 이렇게 떨어지지도 않고 진드기처럼 달라붙어서 나를 평생 괴롭히나?' 그래서 난 성령의 불을 받고 간경화가 나은 고모처럼 기도로 병을 고쳐야겠다고 마음을 먹었다. 이 병을 가지고 평생 살 생각을 하니 끔찍했다. 나는 기도원에서 금식하고 울며 하나님께 매달렸다. 나는 성령의 불이 하늘에서 떨어지길 정말 사모하고 사모했다. 그러나 기대와 달리 아무런 일도 일어나지 않았다. 너무 실망이 되었다. 그래서 가지고 있는 돈을 몽땅 헌금하고 기도원을 내려왔다.

온몸과 마음이 지쳐서 버스정류장에 갔는데 차비가 없었다. 그때 문득 하숙했던 집 주인분이 교회 권사님이셨는데 그분의 얘기가 떠올랐다. 자기 큰아들이 어느 날 돈이 없어서 하나님께 기도했는데 길에서 돈을 주웠다는 간증이었다. 그래서 난 하나님을 문득 시험해보고 싶었다. 내 병을 고쳐달라는 기도도 안 들어주셨는데도 불구하고 몽땅 헌금했으니, 하나님께서 기적적인 방법으로 돈을 달라고 기도했다. 그런데 아무리 시간이 지나도 아무런 일이 일어나지 않았다. 난 기다리다 지쳐서 아무 사람에게 가서 사정하고 돈을 얻어서 버스를 타고 하숙집으로 돌아왔다. '정말 하나님이 내 기도를 들으시나?' 하는 회의가 들었다. 그날 하루는 정말 우울했다. 그런 날이면 난 찬양을 부르면서 내 마음을 달래곤 했다.

멀리멀리 갔더니

멀리멀리 갔더니 처량하고 곤하며
슬프고도 외로워 정처 없이 다니니

예수 예수 내 주여 마음 아파 울 때에
눈물 씻어주시고 나를 위로 하소서!

다니다가 쉴 때에 쓸쓸한 곳 만나도
홀로 있게 마시고 주여 보호하소서!

(후렴)
예수 예수 내 주여 지금 내게 오셔서
떠나가지 마시고 길이 함께하소서 아멘.

 **첫사랑을 잃어버리다!**

신학교에 들어가서 다음과 같은 얘기를 들었다. '1학년은 목사, 2학년은 전도사, 3학년은 집사 그리고 4학년에는 성도가 된다'. 신학을 공부할수록 신앙이 점점 식어간다는 말이다. 그런데 정말 그 말대로 됐다. 난 학년이 올라갈수록 영적으로 점점 더 방황했다. 성경이 문학작품이나 인간의 글로 느껴지기 시작했다. 갈수록 성경의 모순이 너무 많은 것 같았다. 난 너무 고민되서 신약 교수님께 찾아가 고민을 털어놓았다. 그랬더니 "네가 데미안이 알에서 깨어나듯이 거듭나고 있다"라고 대답해주셨다. 난 이미 예수님이 니고데모에게 얘기하셨듯이 물과 성령으로 거듭났는데…. 그때는 신앙이 더 퇴보하는데 거듭나고 있다는 것이 이해가 되지 않았다.

대학교 3학년 때 중세교회사 시간이었다. 교수님이 성만찬에 대해서 4가지 학설이 있다고 설명해주셨다. 화체설, 영적 임재설, 공재설, 기념설. 그 강의를 들으면서 문득 '그러면 난 저 4가지 중에 어떤 것을 믿어야 하나? 그리고 나중에 목사가 되어서 설교를 할 때 무엇이 진리라고 선포해야 할까?' 고민이 되었다. 그래서 교수님께 너무 혼란스럽다고 말씀을 드렸다. 그런데 그냥 웃으시면서 확실한 답을 주지 않으셨다.

영적 고민과 방황이 계속되면서 신앙에도 변화가 일어났다. 일단 고등학교 때 강하게 역사하셨던 성령의 감동과 임재가 점점 약해져 갔다. 그리고 성경을 읽어도 예전처럼 꿀송이 같이 달지도 않았고, 성령의 깨달음도 점점 사라져 갔다. 기도할 때도 예전에는 정말 뜨겁게 부르짖고 방언도 하고 했는데 시들해져 가기 시작했고 기도회도 빠지기 시작했다. 목사님의 설교를 들을 때도 예전에는 그 말씀이 정말 살아있는 하나님의 말씀으로 들렸고, "아멘!"으로 응답했는데, 이젠 자꾸 비판이 나오고 의심되기 시작했다.

대학교 3학년 때 청년회 회장이 되었는데 어느 순간 목사님의 설교를 듣고 나서 몇몇 청년들과 앉아서 그것을 분석하고 비판하고 있었다. 그렇게 계속하다 보니까 설교가 전혀 은혜가 안 되었다. 마치 개구리가 물의 온도를 서서히 올리는데도 모르고 죽어가듯이, 나도 신앙이 서서히 식어가면서 영적으로 죽어가고 있었다. 그렇게 난 첫사랑을 잃어버리고 예수를 믿기 전의 냉랭한 모습이 되었다. 어떨 때는 교회도 가기 싫어서 안 갈 때도 있었다.

"성령을 소멸하지 말며"(살전 5:19).

"그러나 너를 책망할 것이 있나니 너의 처음 사랑을 버렸느니라. 그러므로 어디서 떨어졌는지를 생각하고 회개하여 처음 행위를 가지라 만일 그리하지 아니하고 회개하지 아니하면 내가 네게 가서 네 촛대를 그 자리에서 옮기리라"(계 2:4-5).

마치 삼손이 머리카락이 잘리고 나서 능력이 사라졌듯이 난 가장 소중한 하나님의 선물인 성령의 불을 꺼트려 버리게 되었다. 그러자 예전에 내게 능력 주시는 자 안에서 모든 것을 할 수 있다는 자신감도 사라지게 되었다. 어느새 난 무기력한 사람이 되었다. 그리고 내 안에 온갖 육신의 정욕과 안목의 정욕, 이생의 자랑이 들어오기 시작했다. 세상 근심과 걱정이 나를 괴롭히기 시작했다. 언젠가부터 내 입에서 계속 한숨이 나오고 있었다. '할렐루야, 아멘'이라는 단어도 사라졌다. 난 신학과를 졸업하고 나서 목사가 될 자신이 없어졌다. 내가 신앙이 없는데 어떻게 남을 영적으로 지도하고 설교를 할 수 있겠는가? 나는 앞으로 무엇을 해야 할지 갈피를 잡을 수 없었다. 그래서 졸업하고 일단 고향으로 내려갔다.

부모님은 나의 그런 모습을 보고 실망을 많이 했다. 사실 아버지는 내가 신학을 해서 목사가 되는 것을 처음부터 반대하셨다. 아버지는 비록 교회는 안 다니셨지만, 목사가 가난하고 힘들다는 것을 어느 정도 아셨던 것 같다. 그래서 아들이 그런 길로 가는 것이 싫었다. 그래서 나에게 "꼭 목사가 되어야만 하나님의 일을 하는 것이 아니지 않으냐? 직장생활하면서 교회에 가서 봉사해도 되지 않느냐?"면서 설득하셨다. 그러면서 나에게 공무원이 되라고 몇 번이나 얘기하셨다. 공무원이 안정적이고 일도 편하다고 하셨다. 그런데 당시 난 목사가 되어야겠다는 생각이 너무 강해서 그런 말이 전혀 들어오지 않았다. 그리고는 내 고집대로 신학과를 진학했다.

아버지는 나의 모습을 보시고 "그러길래 아버지 말을 듣지… 왜 목사가 된다고 해놓고 지금 이게 뭐냐"면서 야단을 치셨다. 난 입이 백 개라도 할 말이 없었다. 그때 신학과에 간 것을 후회했다. 그래서 집에서 놀자니 눈치가 보여서 과외를 하며 돈을 벌기 시작했다.

그러던 어느 날 그동안 전혀 연락 없던 고등학교 동창에게 갑자기 전화가 왔다. 자기가 서울에서 직장생활을 하는데 너무 좋은 돈벌이가 있다면서 한번 올라오라고 계속 나를 설득했다. 안 그래도 집에만 있으니 눈치가 보이고 답답해서 서울로 올라갔다. 친구를 따라 직장을 갔는데 사람들이 매우 많았다. 거기서는 3일 동안 교육을 받으라고 했다. 그 교육이 끝나기 전에는 돌아가면 안 된다는 것이다. 그래서 교육을 받는데 무슨 자석담요 인지를 홍보하였다. 그 자석담요를 깔고 자면 건강해진다는 것이다. 그리고 홍보사원이 되어서 밑에 두 사람을 심고 그 사람들이 계속 새끼를 치면 나중에 엄청난 돈을 벌 수 있다고 말했다. 그러면서 그 자석담요를 내가 비싼 값에 우선 사야 한다고 했다. 그리고는 사원들이 나와서 자기가 이 사업을 어떻게 시작했고, 매달 얼마의 돈을 버는지를 자랑했다. 나중에 알고 보니 그것은 피라미드 사기였다. 하지만 난 그런 것을 처음 접했고, 친구 말이었기 때문에 믿었다.

친구와 도계로 내려와서 아버지께 말씀드리고 서울에 사업하러 올라가겠다고 했다. 그랬더니 아버지께서 이상힌데 아니냐면서 확인을 해봐야겠다고 평생 결근 한 번 하지 않던 분이 회사까지 빼먹고 서울에 따라오셨다. 아버지는 사회생활도 오래 하시고, 연륜이 있으셔서 몇 번 들어보시더니 사기라고 하셨다. 그러고는 나에게 다시 도계로 내려가자고 했다. 난 아버지의 강권에 못 이겨서 내려갔고, 아버지가 친구 부모님께도 얘기해서 결국 친구도 내려와야 했다. 당시 친구는 울먹이며 우리 아버지 앞에서 "63빌딩이 왔다 갔다 한다(그만큼 큰돈을 벌 수 있다는 표현)"라면서 그 사업에 미련을 두었다. 나중에 아버지는 나를 놀리기 위해서 그 친구의 말을 흉내 냈다. 그러면 난 창피해서 제발 그만하라고 한다. 그게 나의 아킬레스건이고 지우고 싶은 흑역사였다.

지금 생각해보면 아버지께 얼마나 감사한지 모른다. 그때 만일 아버지가 그냥 내버려뒀다면 시간적, 물적, 정신적 피해를 보았을 것이다. 아버지는 초등학교만 나오셨지만, 생각이 깊으시고 지혜로운 분이셨다. 지금까지 살면서 여러 번 나를 위험한 구덩이에서 건져주셨다. 그래서 난 아버지를 존경하고 사랑한다. 아버지는 나의 영웅이시다!!

"내 아들아 네 아비의 훈계를 들으며 네 어미의 법을 떠나지 말라. 이는 네 머리의 아름다운 관이요 네 목의 금 사슬이니라"(잠 1:8-9).

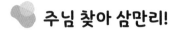 ## 주님 찾아 삼만리!

> "인생은 짧고 세상은 넓다. 그러므로 세상 탐험은
>
> 빨리 시작하는 것이 좋다."
>
> - 사이먼 레이븐

그 사건이 있고 난 마음이 더 답답해졌다. 아무리 예배를 참석하고, 성경을 읽고, 기도해도 고등학교 때 체험한 성령의 감동과 역사가 더는 없었다. 그저 가슴이 냉랭하고 답답하기만 했다. 마치 하나님이 나를 떠난 것 같기도 하고, 더 나와 함께하지 않는 것처럼 느껴졌다. 머리와 마음속엔 온갖 세상 걱정과 염려 그리고 육신의 정욕으로 가득했다. 오히려 상태가 예수를 믿기 전보다 더 안 좋아진 것 같았다. 하루하루 살아가는 것이 너무 힘들었다. 도저히 이대로는 못 살겠다는 생각을 했다. 그래서 난 뭔가 내 인생에 반전이 필요했다.

그때가 1993년이었다. 해외여행 자유화가 되고, 대학생들이 배낭여행을 다니는 붐이 일었다. 난 군대를 면제받았으니 3년을 벌었다고 생각하고, 그동안 세계여행을 한번 다녀봐야겠다는 생각을 했다. 그런데 난 당시 국내여행도 제대로 한 적이 없었다. 나는 성격이 모험과 도전을 좋아하는 타입이고 가끔 돈키호테처럼 일을 저지르곤 했다. 단지 몸이 약해서 움츠려있었는데 너무 절박하다 보니 '어차피 예전에 죽었던 인생, 덤으로 사는데 뭘 못하겠나?' 하는 생각이 들었다.

우선 처음 여행지로 유럽과 이집트, 이스라엘로 성지순례를 하러 가기로 했다. '예수님의 발자취와 성경의 역사적 현장을 둘러보면 신앙을 다시 회복할 수 있지 않을까?'라는 기대를 했다. 그리고 세계여행을 하면서 견문도 넓히고 싶었다. 그래서 여행 정보도 모으고 계획을 짜서 1993년 7~8월, 두 달 동안 여행을 다녀왔다. 여행사에서 단체 배낭여행자들을 모집해서 첫 기착지인 영국의 호텔까지 가이드를 해주었다. 설레는 마음으로 영국 런던공항에 도착해서 밤에 지하철을 타고 숙소로 이동했다. 그런데 지하철이 낡고 뭔가 어두침침한 것이 위험한 분위기가 풍겼다. '과연 내가 잘할 수 있을까?' 하는 불안감이 들었다.

일단 함께 간 배낭족 일행들과 런던을 며칠 동안 돌아다녔다. 그리고 혼자 에든버러로 갔다. 그곳에서 성을 둘러보고 더 북쪽인 스코틀랜드로 기차를 타고 갔다. 그곳은 어촌이었는데 풍경이 아름답고 분위기가 너무 평화롭고 조용해서 좋았다. 민박을 했는데 주인 부부가 어디에서 왔냐고 묻길래 'South Korea'라고 했더니, 북한에 대해서 질문을 막 하는 것이었다. 그리고는 낚시로 직접 잡은 물고기를 요리해줬는데 너무 맛있었다. 배낭여행이 처음이라 모든 것이 낯설어서 시행착오도 있었고, 가끔은 내가 괜히 왔나 하는 후회도 했었다. 하지만 시간이 지나면서 점점 익숙해지고 여행 기술도 늘면서 즐거운 여행을 할 수 있었다.

난 두 달 동안 영국, 프랑스, 이탈리아, 그리스, 이집트, 이스라엘, 스위스, 독일, 헝가리 그리고 네덜란드를 여행했다. 등에는 큰 배낭을 메고, 한 손에는 지도를 들고, 발에는 샌들을 신고, 가고 싶은 대로 자유여행을 했다. 내 인생에서 잊을 수 없는 수많은 값진 경험을 했다. 매일 새로운 장소에서 새로운 사람을 만나고 새로운 사건이 일어났다. 에피소드도 많은데 몇 가지를 소개해보려고 한다.

프랑스의 니스 해변이라는 곳에 갔는데 사람들이 상체를 모두 벗고 있었다. 토플리스(Topless) 해변이었다. 평생 그런 것을 처음 봐서 너무 충격적이고 신선했다. 내가 언제 젊은 여인의 벗은 몸을 봤던가? 내가 쳐다봐도 여인들은 신경도 쓰지 않았다. 그게 신기해서 정말 원 없이 보았다(?). 그리고 모나코에 갔는데 그곳은 갬블링으로 유명한 곳이었다. 난 혼자 자유여행을 했지만, 여행지로 가면 꼭 배낭족들과 함께 다녔다. 왜냐하면, 그들은 내가 모르는 정보도 많이 알고 있었고, 함께 다니면 외롭지 않았기 때문이다. 그래서 난 몇몇 배낭족들과 장난으로 갬블링을 하러 가서 평생 처음으로 슬롯머신을 당겨보았다. 그중에 한 사람이 돈을 좀 따서 맛있는 것을 사 먹었던 기억이 난다.

그리스에서 이집트를 갈 때는 대형 여객선을 타고 2박 3일 동안 항해를 했다. 나는 돈이 없어 갑판에서 잠을 자야 했다. 가도 가도 바다가 끝도 없이 펼쳐졌는데 배에서 아름다운 일출, 일몰도 보고 어떨 때는 돌고래들이 점프하는 것을 구경하기도 했다. 이집트에 도착해서 기차를 타고 룩소르에 갔는데, 밤에 신전을 걸어갈 때는 양쪽에 거대한 신상들이 늘어서 있어 정말 고대의 이집트 제국에 온 느낌이 들었다. 그리고 왕가의 계곡에 갈 때는 당나귀를 타고 가서 고대 왕들의 무덤과 유물들을 구경할 수 있었다. 밤에는 시내 산 정상 조금 아래에 70인 장로가 머물렀던 곳에서 외국인 친구들과 하룻밤을 노숙하였다. 그날 밤하늘에 별들이 얼마나 많은지… 별똥별을 2번이나 보았다. 그리고 하나님이 아브라함에게 "네 자손이 하늘의 별처럼 많게 하리라"는 약속이 무슨 의미인지를 깨달았다.

드디어 꿈에 그리던 성지 이스라엘에 도착했다. 다행히 그곳에서 한국 선교사님과 신학생 그룹을 만나게 되었다. 선교사님이 성지를 너무 친절하게 안내해주셨고, 신학생들이 한국 음식을 많이 줘서 정말 오랜만에 포식할 수 있었다. 베들레헴에서 예수님이 태어나신 말구유도 가보고, 골고다 언덕길도 걸어보았다. 이스라엘 최후의 항전 장소였던 마사다 언덕에도 올라가 보고, 염분이 세계에서 가장 많은 사해에도 가보았다. 그곳에서 소금 기둥도 구경할 수 있었고, 정말 물 위에 가만히 누워 있는데도 몸이 저절로 뜨는 신기한 경험도 했다. 그리고 기혼샘과 실로암을 연결해서 만든 히스기야 터널을 「실로암」이라는 복음성가를 부르면서 걸어갈 때는 구약성경에 기록된 역사의 현장에 와 있다는 사실에 온몸에 전율이 흘렀다.

성지순례를 잘 마치고 다시 비행기를 타고 그리스로 돌아왔다. 스위스를 방문했는데 호수가 수정같이 맑고 호숫가에 예쁜 집들이 그림같이 다닥다닥 붙어있어 마치 동화 속에 들어온 것 같은 느낌이 들었다. 산은 만년설로 덮여있었고, 난 케이블카를 타고 융프라우 아래 있는 어떤 봉우리를 갔다. 배낭여행 책자에 산책로가 있었는데 두 갈래 길이 있었다. 한 곳은 사람들이 많이 다니는 길이었다. 두 번째 길은 사람들이 잘 안 다니지만, 경치가 너무 아름답고 중간에 호수도 있고 산양도 구경할 수 있는 길이었다. 여러분이라면 어떤 길로 가겠는가? 난 호기심이 많아서 남이 잘 안 다니는 길로 가보자고 결정을 하고 그 길을 따라 계속해서 걸어갔다.

처음에는 이정표도 있었는데 어느 순간 잘 보이지 않았다. 그리고 눈이 쌓여있었는데 무릎까지 왔다. 중간에 호수가 나타나서 쉬었는데 갑자기 무서운 생각이 들었다. '날이 저물도록 길을 못 찾으면 얼어 죽는 것이 아닐까? 괜히 이 길로 왔나? 다시 돌아갈까?' 별생각이 다 들었다. 지금같이 핸드폰이 있으면 걱정도 안 하는데 당시에는 연락을 취할 방법이 없었다. 사람도 보이지 않고, 난 눈 속에 난 발자국 하나를 보면서 기도하는 마음으로 계속 걸어갔다. 그런데 어느 순간 이정표가 보이고 사람을 만나게 되었다. 난 가슴을 쓸어내리면서 십년감수를 했다. 만약 눈 위에 발자국이 없었다면 결국 길을 잃었을 것이다. 돌이켜보면 그것은 주님이 나를 인도하기 위한 발자국이라는 생각이 든다.

이렇게 여행은 모험과 흥미진진한 일로 가득했다. 난 배낭여행을 통해서 이제 세계 어디라도 갈 수 있다는 자신감을 얻었고, 다양한 문화와 사람들을 접하면서 견문이 넓어지게 되었다. 그리고 내 인생에 잊을 수 없는 소중한 추억이 되었다. 난 젊은이들에게 권하고 싶다. 배낭여행은 젊은 날의 특권이다. 나 보고 지금 나이에 옛날처럼 배낭여행을 하라고 하면 할 수가 없다. 그때는 젊었기 때문에 가능했다. 그러므로 젊은이들이여! 과감히 세상으로 뛰어나가서 하나님이 만든 세계를 탐험해보라. 매일 새로운 사람, 새로운 장소, 새로운 사건이 기다리고 있다. 그것들은 내 생각과 시각을 변화시킬 것이다. 내 마음에 새로운 활력과 자신감을 가져다줄 것이다. 내 인생에 잊을 수 없는 추억을 선물할 것이다.

너는 내 것이라

배낭여행을 무사히 잘 마치고 고향 집에 돌아왔다. 난 성지순례를 통해서 예수님이 역사적으로 실존했던 인물이고, 성경에 일어난 사건들이 역사적 사실이었음을 확인할 수 있었다. 하지만 여전히 내 안에 과거에 활활 타올랐던 성령의 불길은 타오르지 않았다. 어떻게 해서든지 과거의 신앙을 회복해야 하는데 방법이 없었다. 원래는 3년 동안 세계여행을 하는 계획을 세웠는데 2달 동안 힘든 배낭여행을 하고 나서 난 체력이 완전히 방전되었다. 그리고 여행 갈 돈도 없었다.

집에 있기도 눈치 보여서 무작정 서울에 있는 친구 집에 올라가서 얹혀살았다. 당시 난 미래에 대한 뚜렷한 계획이 없었다. 그저 방향을 잃은 돛단배처럼 '앞으로 뭘 하고 살아야 할까?' 고민만 했다. 당장 돈을 벌어야 해서 영어학원에 강사로 취업했다. 그것이 내가 태어나서 처음 한 사회생활이었다.

그런데 어느 날 나와 함께 살던 친구가 자기가 다니는 대학교에 와서 학생들에게 영어 좀 가르쳐달라고 했다. 아마 대학 부설 교육기관 같은 곳에서 공부하고 있었던 것 같았다. 그래서 매주 남자 1명 여자 3명에게 영어를 가르쳤다. 그런데 그중에 연극을 하는 한 아가씨가 있었다. 영화배우를 닮았는데 나름 매력적이었다.

사실 난 그때까지 제대로 된 연애를 해본 적이 없었다. 그동안 몇 번

썸을 타기는 했지만 이상하게 연애까지는 연결이 안 되었다. 내가 좋아하면 상대방이 싫어하고, 상대방이 좋아하면 내가 싫고 그런 것이었다. 그런데 이 아가씨는 나에게 호감을 표시하면서 적극적으로 다가왔다. 당시 난 24살 피 끓는 청춘이었고, 가슴도 허전해서 나도 쉽게 그 아가씨에게 끌렸다. 그래서 우리는 연인이 되었다.

처음 연애를 하니 세상이 아름답게 보였다. 가슴도 더 이상 허전하지도 않고 뭔가 핑크빛 사랑이 내 안에 가득한 것 같이 느껴졌다. 그녀와 첫 입맞춤을 했는데 너무 감미로워서 왜 이런 것을 이제껏 모르고 바보처럼 살았나 하는 생각이 들었다. 사랑하면 행복해진다는 헤르만 헤세의 시처럼 너무 행복했다. 우린 그렇게 달콤한 연애를 몇 개월간 했다. 그리고는 고향 집에 내려가서 부모님과 동생들에게 인사를 시켰다. '지금 사귀고 있는데 앞으로 결혼할 생각이 있다'라고 폭탄선언을 한 것이다. 학원 강사로 겨우 입에 풀칠만 하고 살아가고, 미래의 비전도, 쥐뿔도 없으면서 난 일을 또 저지르고 말았다. 지금 생각하면 왜 그렇게 철이 없었는지… 내가 생각해도 한심했다.

아버지는 사람을 보는 통찰력이 있으셨다. 예전에도 외삼촌이 결혼할 사이라고 어떤 여자를 데리고 왔는데, 아버지가 유심히 살펴보시더니 반대를 했다. 그래서 헤어지고 나중에 다른 여자를 선보이러 왔는데, 첫눈에 아버지가 합격이라고 해서 두 분이 결혼했다. 지금은 두 분이 너무 행복하게 잘살고 있다. 그래서 외삼촌이 아버지께 "그때 말려줘서 정말 고마웠다"라고 몇 번이고 감사 인사를 했다. 나는 '아버지가 애인을 보면 뭐라고 하실까?' 궁금하기도 하고 불안하기도 했다. 그런데 처음 만나고 살펴보시더니 교제하는 것을 반대하셨다. 나는 아버지 얘기를 듣고 고민이 되었다.

내가 영어를 가르치던 학생 중에 신학을 공부하고 전도사를 하는 아가씨가 있었다. 믿음이 아주 좋았는데 나를 데리고 집회에도 가고, 신앙적으로 도움을 주려고 애를 썼다. 그러던 어느 새벽에 난 그 전도사님이 소개해준 교회에 새벽기도를 나가게 되었다. 그날 목사님이 출타하고 안 계셔서 처음 보는 키가 작은 여자 전도사님이 말씀을 전하셨다. 이사야 43장을 가지고 말씀을 전하셨는데… 그날 그 말씀이 내 가슴에 불방망이처럼 와닿았다.

"야곱아 너를 창조하신 여호와께서 지금 말씀하시느니라 이스라엘아 너를 지으신 이가 말씀하시느니라 너는 두려워하지 말라 내가 너를 구속하였고 내가 너를 지명하여 불렀나니 너는 내 것이라. 네가 물 가운데 지날 때에 내가 너와 함께 할 것이라 강을 건널 때에 물이 너를 침몰하지 못할 것이며 네가 불 가운데로 지날 때에 타지도 아니할 것이요 불꽃이 너를 사르지도 못하리니"(사 43:1-2).

난 이 말씀을 통해서 하나님이 나를 떠나가신 것이 아니었고, 그동안 나를 수많은 위험에서 지키셨고, 난 하나님의 것이라는 것을 확신할 수 있었다. 그동안 주님을 떠나서 방황했던 죄를 회개하면서 뜨거운 눈물을 흘렸다. 그때부터 난 매일 예배에 참석하고, 성경을 읽고 기도를 하면서 예전의 첫사랑을 회복하기 시작했다. 그러자 놀랍게도 고등학교 때 역사하셨던 성령의 감동과 충만함이 다시 임하였고, 난 생동하는 신앙을 가질 수 있게 되었다. 할렐루야!!

신앙이 회복되자 그동안 뭔가에 씌어서 살았던 것처럼 어떤 막이 사라지는 기분이 들었다. 난 예전에 대학교 때 다녔던 교회에 가 보았다. 주일예배를 드리는데 똑같은 목사님이 전하는 설교인데 그렇게 은혜스러울 수가 없었다. 예전에는 전혀 은혜가 안 되었는데… 내 마음밭이 돌밭에서 옥토로 변하니 말씀이 새롭게 들리는 것이었다. 난 목사님께 찾아가서 예전에 내가 했던 어리석은 행동에 대해서 용서를 구했다. 나는 지난날의 방황을 통해서 주님 없이 사는 삶이 지옥임을 알게 되었다. 그리고 주님을 모시고 은혜 안에서 사는 것이 천국임을 다시 한번 깨닫게 되었다. 그리고 신앙을 잃어버리면 회복하는 것이 엄청 힘들다는 것도 알게 되었다. 내가 받은 은혜를 소중하게 간직하는 것이 얼마나 중요한지 알게 되었다.

그렇게 신앙이 회복되어가던 어느 날 나에게 생명의 말씀을 전해주셨던 전도사님의 소개로 그분을 키워주신 여자 목사님을 만나게 되었다. 그분은 은사가 많으셨고, 기도를 아주 많이 하는 신령한 분이셨다. 그래서 상담을 하는데 저 보고 "앞으로 높은 산을 올라가야 한다"라고 말씀하셨다. 그래서 내가 "어떻게 그렇게 할 수 있나?"고 여쭈었더니, 그 길은 믿음으로 가는 길이라고 하셨다.

내가 사귀는 아가씨도 함께 갔었는데, 우리가 사귄다고 얘기하자 그분이 보시더니 "두 사람은 어울리지 않으니 헤어지는 것이 좋겠다"라고 얘기하셨다. 왜 그러냐고 물었더니 "하나님의 사명을 지고 힘든 길을 가야 해서 뒤에서 받쳐 줄 여자가 필요하다"라고 했다. 그리고 연극하는 아가씨도 앞으로 그 분야에서 성공하려면 뒷받침해줄 수 있는 남자를 만나는 것이 좋다고 했다. 그러면서 시편 말씀을 주셨다.

"또 주의 종이 이것으로 경고를 받고 이것을 지킴으로 상이 크니이다"(시 19:11).

그 말을 듣는 순간 갑자기 두려운 마음이 들었다. 안 그래도 아버지의 반대도 있어 그동안 고민을 했었는데 신앙을 회복하자 이 아가씨는 내 배필이 아니란 생각이 강하게 들었다. 그래서 그녀와 헤어지고 난 모든 것을 정리해서 다시 고향에 내려갔다. 난 장신대학원에 다니는 선배의 권유로 신학대학원에 가기 위해서 시험 준비를 했다. 시험이 있기 불과 3개월 전이었다. 당시 신학대학원 시험이 어려워서 많은 학생이 떨어졌고, 재수와 삼수하는 학생들도 많았다.

하지만 난 고3 때처럼 또 무서운 집중력을 발휘해서 새벽과 밤에는 교회에 가서 기도하고 낮에는 도서관에 가서 성경을 집중적으로 파고들었다. 성경을 매주 일독씩 하고, 수백 구절을 암송했다. 그렇게 시간이 흘러 신학대학원 시험을 봤는데 당당히 합격하게 되었다. 할렐루야!!

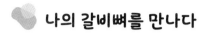

나의 갈비뼈를 만나다

"아담이 이르되 이는 내 뼈 중의 뼈요 살 중의 살이라"(창 2:23).

난 1995년, 장신대학원에 합격했다. 연세대 다닐 때 신학을 이미 공부해서 공부는 그렇게 어렵지 않았다. 신학대학원 과정이 대학을 졸업한 학생들을 대상으로 기초부터 가르치기 때문이었다. 그래서 이미 신학을 공부했던 나에게는 마치 시간 낭비처럼 느껴졌다. 신학대학원에는 일반대 출신들이 많았다. 그래서 난 차라리 일반대에 가서 공부하고 신학대학원에 와서 신학을 공부하는 게 더 낫다는 생각을 했다. 혹시 독자 중에 신학을 공부할 계획이 있다면 일반대에 가서 인문학으로 신학의 기초를 닦고 대학원에 가서 신학 공부하기를 권한다. 왜냐하면 신학대에서 4년을 공부해도 목사가 되려면 대학원에 가서 목회학 석사를 3년 동안 또 공부해야 하기 때문이다.

1학년 겨울방학 때 영적 갈증을 느껴서 기도하러 시골의 작은 기도원에 갔다. 그곳에서 큰 은혜를 받았고 '이곳에서 일 년 동안 영성훈련을 하면 좋겠다'는 생각이 들었다. 그래서 난 휴학계를 제출하고 그곳에서 전도사로 있으면서 영성훈련을 받았다.

그러던 어느 날이었다. 고등학교 동창이 여동생 친구를 한 명 데리고 기도원에 올라왔다. 처음 보는데 너무 아름다웠다. 청초하기도 하고 세련되기도 하고, 뭔가 내가 이제까지 보던 여자들과 달라 보였다. 나는 한

눈에 그녀에게 반했다. 친구 얘기를 들었는데, 아가씨가 내 고향 사람이라고 했다. 아버지가 사업을 하다가 부도가 나서 집안이 풍비박산 났다고 했다. 그녀는 4남매의 장녀로 병든 아버지와 동생들을 돌보고 있었다. 대학을 졸업해서 당시 아버지 병간호를 하고 있었고, 경제적인 어려움으로 매우 힘들어하고 있었다. 나중에 알고 보니 그녀의 아버지가 과거에 도계에서 알아주는 지역 유지였다.

그녀는 너무 사는 게 힘들고 미래도 막막해서 친구 오빠의 권유로 3일간 기도하러 올라왔다고 한다. 어렸을 때 교회를 조금 다녔지만 아직 하나님과의 인격적 만남이나 어떤 체험이 없었다. 그녀의 사연을 듣고 보니 마음이 너무 안타깝고 어떻게 해서든지 돕고 싶은 마음이 생겼다. 그런데 놀라운 일이 일어났다. 기도원에 올라온 첫날 성전에서 기도하는데 성령이 강하게 임하면서 방언이 터진 것이었다. 그리고 둘째 날 밤에 기도하던 그녀가 갑자기 소리를 지르는 것이었다. 난 깜짝 놀라서 그녀에게 "왜 그러냐?"고 물었다. 그랬더니 "기도 가운데 하나님이 지구 종말에 일어날 심판과 지옥의 모습을 보여줬는데, 너무 무서웠다"라고 했다. 3일 동안 있으면서 그녀는 하나님으로부터 그야말로 폭포수처럼 쏟아지는 은혜를 받았다. 하나님이 음성, 환상으로 성경 말씀을 통해서 그녀에게 임재하셨다.

"그 후에 내가 내 영을 만민에게 부어 주리니 너희 자녀들이 장래 일을 말할 것이며 너희 늙은이는 꿈을 꾸며 너희 젊은이는 이상을 볼 것이며 그 때에 내가 또 내 영을 남종과 여종에게 부어줄 것이며"(욜 2:28-29).

그녀는 너무 절박해서 뭐라도 붙들려고 기도하러 왔다가 생각지도 않게 큰 은혜를 받는 대박이 터져 버렸다. 난 그때까지 아무리 기도해도 환상을 보거나 음성을 듣지도 못했는데, 너무 부러웠다. 그래서 하나님께 불평을 늘어놓았다. "하나님! 너무 불공평합니다. 그녀는 하나님의 은혜를 사모하지 않았는데도 주시는데, 난 그동안 그렇게 사모했는데 왜 한 번도 안 보여주고 들려주지도 않습니까?". 그러자 하나님이 깨달음을 주셨다. "그녀는 그런 증거들을 보여줘야 하나님을 믿고 따라오고, 넌 굳이 그런 것이 없어도 믿음 생활을 잘 하지 않느냐? 보고 믿는 자보다 보지 않고 믿는 자가 복이 있도다".

하여튼 그녀는 삼일만 있다가 내려가려다가 하나님께 완전히 사로잡혀 버렸다. 성령이 너무 강하게 역사할 때는 온몸에 힘이 빠져서 꼼짝을 못 했다. 그래서 그 기도원에서 계속 지내면서 낮에는 직장생활 하고 아침과 저녁엔 영성훈련을 받게 되었다. 원장님이 얼마나 무서웠는지 하루에 최소한 3시간은 기도해야 하고, 농사나 음식 준비 그리고 청소 등 각종 봉사를 해야 했다.

그녀는 성경에 대해서 하나도 몰랐기 때문에 난 전도사란 이름으로 접근해서 성경을 가르쳐 주고 호감을 얻고자 애를 썼다. 그녀도 내가 고향 사람이고, 친절하게 대해주자 나에게 호감을 가지게 되었다. 난 그녀에게 과거에 아팠던 얘기를 하나도 하지 않았다. 그런데 하나님이 이미 나에 대해서 가르쳐줘서 내가 아프다는 것을 알고 있었다. 그리고 환상 중에 그녀에게 "하나님이 큰 십자가를 보여주시면서 지고 가라고 하셨고, 음성으로 날 도와주라"고 했다고 얘기해주었다.

난 그 얘기를 듣고 깜짝 놀랐다. 그런데 그녀는 그것이 어떤 뜻인지 모르고 있었다. 난 그녀가 사명자고 하나님이 그녀를 내게 배필로 주실 것임을 느꼈다. 사실 그녀는 중, 고등, 대학교 때 학교에서 굉장히 인기가 많았다고 한다. 그녀는 남자들에게 고백도 많이 받고 선물도 많이 받았다고 했다. 그런데 남자들에게 철벽을 치고 이성적으로 접근하지 못하게 했다. 그런데 이상하게도 기도원에 와서 은혜를 받고 나서 나에 대한 마음 문이 열리고 호감이 생기게 되었다. 난 하나님이 나의 연애를 도와주신다고 속으로 기뻐했다.

그녀는 어느 날 '하나님, 나같이 비천한 사람에게 왜 이렇게 큰 은혜를 주시나요?' 하고 물었다. 그때 하나님께서 룻기 2장 10~12절 말씀을 주셨다.

"룻이 엎드려 얼굴을 땅에 대고 절하며 그에게 이르되 나는 이방 여인이거늘 당신이 어찌하여 내게 은혜를 베푸시며 나를 돌보시나이까 하니. 보아스가 그에게 대답하여 이르되 네 남편이 죽은 후로 네가 시어머니에게 행한 모든 것과 네 부모와 고국을 떠나 전에 알지 못하던 백성에게로 온 일이 내게 분명히 알려졌느니라. 여호와께서 네가 행한 일에 보답하시기를 원하며 이스라엘의 하나님 여호와께서 그의 날개 아래에 보호를 받으러 온 네게 온전한 상 주시기를 원하노라 하는지라"(룻 2:10-12).

하나님께서 이 말씀을 주시면서 "너가 6개월 동안 병든 아버지의 대소변을 받아 내면서 돌보는 것을 내가 보았다"라고 하셨다. 난 그녀의 얘기를 듣고 큰 감동을 받았다. 하나님은 우리의 일거수일투족을 모두 지켜보고 계신다는 것을 깨달았다. 그녀는 내 고향 사람들에게 효녀라고 소문이 나 있었다. 그 소식을 우리 아버지와 친척들도 들어서 알고 있었다.

난 그녀와 장래를 약속하고 사귀기로 했다. 하나님이 너무나 귀한 선물을 주셔서 정말 감사했다. 무엇보다 하나님의 은혜를 저렇게 많이 받는 여인을 사모로 얻으니 더욱 기뻤다. 사실 난 앞으로 목회를 하면 사모를 얻어야 하는 데 고민이 많았다. '나 같이 병든 사람에게 누가 시집을 올까?' 결혼에 자신이 없었다. 철이 없을 때는 돈키호테처럼 일을 저질렀는데, 이젠 신중해야 했다. 그래서 하나님께 배우자를 보내달라고 기도를 많이 했다. 그런데 하나님께서 나에게 꼭 맞는 배필을 주셨다. 하나님은 나의 중매자시다. 하지만 아직 통과해야 할 관문이 남아있었다. 그것은 아버지의 허락이었다.

부모님께 내가 사귀는 여자가 있다고 했고, 그녀에 대해서 말씀드렸다. 그녀의 아버지가 과거에 지역 유지라서 그 집에 대해서 너무나 잘 알고 계셨다. 드디어 그녀를 선보이러 가는 날이 되었다. 나와 아내는 기도로 많이 준비했다. 저녁에 집에 들어갔더니 친척들이 모두 모여있었다. 여자친구를 자세히 지켜보시더니, 아버지가 그녀가 있는 자리에서 '난 마음에 든다'라고 얘기를 하셔서 내가 깜짝 놀랐다. 그러면서 어머니께 '당신은 어떻게 생각하나?'고 물으셨다. 어머니는 원래 아버지 말에 토를 달지 않고 순종적이셔서 '좋다'고 대답하셨다. 난 하나님께서 아버지 마음을 움직이셨음을 알고 감사를 드렸다. 그렇게 해서 그녀는 내 인생의 '여주인공'이 되었다. 그날 난 너무 행복했다.

혹시 이 글을 읽는 분 중에 결혼에 대해 자신이 없는 분들이 있는가? 그런 분들은 내 글을 읽고 용기를 가지시기 바란다. 내 여동생도 얼굴과 손에 화상을 입어서 결혼을 포기했다. 하지만 하나님의 은혜로 멋진 배우자를 만나서 아들딸 낳고 지금 잘살고 있다. 나와 여동생은 도저히 인간적인 방법으로는 결혼을 할 수 없기에 하나님이 중매를 서셨다. 그분의 중매는 실패가 없고 실수가 없다. 그러므로 결혼당사자 두 사람 모두 기도하고 서로가 하나님이 주신 짝이라는 마음이 들면 조건을 보면 안 된다. 조건을 보는 순간 인간적인 생각과 계산이 들어가서 결혼이 힘들어진다. 아내도 나의 병든 것을 보지 않았다. 나도 아내의 가정형편이나 학벌 등 어떤 것도 보지 않았다. 오직 우리 두 사람을 맺어주신 하나님을 믿고 순수한 마음으로 결혼했다. 그리고 결혼할 때 우리는 모아놓은 재산도 없고, 집도 없고, 심지어 나는 학생이었다. 우리는 오직 믿음으로 시작했다. 모든 준비를 해놓고 결혼하려면 못한다. 하나님을 믿고 결혼하면 하나님께서 살수 있도록 은혜로 모든 것을 도와주신다. 의인은 오직 믿음으로 말미암아 살리라!

"집과 재물은 조상에게서 상속하거니와 슬기로운 아내는 여호와께로서 말미암느니라"(잠 19:14).

Part. 3

믿음으로
태평양을 건너다

🟣 소원성취

나는 아내와 1998년 11월에 결혼했다. 그리고 신학대학원을 1999년 2월에 졸업했다. 목사가 되기 위해서는 신학대학원을 졸업하고 나서 2년 동안 풀타임으로 교회나 기독교 기관에서 일을 하면서 훈련을 받아야 한다. 그리고 목사고시에 합격해야 한다. 그 후에 목회자로 청빙을 받아서 노회에서 안수를 받게 된다. 그래서 목사가 되기 위해서는 공부와 훈련을 합하여 거의 10년이 걸린다.

나는 98년 말에 전임사역지를 놓고 기도하고 있었다. 그런데 장신대 학원 선배가 연세대학교 원주캠퍼스 교목실에서 전임전도사로 사역을 하고 있었다. 그 선배는 2년간 사역을 마치고 이제 부목사로 갈 예정이었다. 그래서 내 생각이 나서 연락했다면서, 이곳에 와서 사역하면 좋을 것 같다고 얘기를 했다. 만일 내가 거절하면 신문에 공고를 내서 정식으로 사람을 구하게 될 것이라고 했다. 그래서 난 기도 가운데 하나님이 예비해놓은 자리라는 생각이 들어서 '가겠다'라고 했다.

나는 연세대에 다닐 때 교목이 되고 싶었다. 연대생들은 1~2학년 때 의무적으로 채플을 들어야 한다. 그런데 채플에 오시는 강사분들의 메시지를 들어보면 교양강좌를 듣는 느낌이 들 때가 많았다. 정말 복음과 강사분이 깨달은 하나님의 말씀을 전해주는 경우가 많지 않았다. 그런 것을 보면서 아쉬울 때가 많았다. '내가 만일 교목이 된다면 저렇게 하지 않을 텐데'라는 생각을 많이 했다. 전교생들에게 매주 한 번씩 하나님의 말씀을 들려줄 천금 같은 기회를 저렇게 낭비하는 것이 어떨 때는 화도 났다.

그런데 하나님이 그때 나의 소원을 들으셨는지 생각지도 않게 교목실 전도사로 첫 임지가 결정되었다. 이것은 내가 찾아서 간 자리가 아니었다. 하나님의 인도였다. 그런데 신기하게도 교목님이 내가 사역을 시작하고 얼마 후에 건강이 악화되어서 1년 안식년을 갖기로 하시고 외국으로 가시게 되었다. 졸지에 내가 교목의 역할을 해야 하는 상황이 되었다. 그리고 나에게 강사를 섭외할 권리가 주어진 것이다.

마치 하나님이 내 소원을 들어주신 것 같다는 생각이 들었다. 그래서 난 청년 대학생들에게 하나님의 말씀을 제대로 전할 수 있는 분들을 섭외해서 채플에 세웠다. 기억나는 강사들로는 '김동호 목사님', '용혜원 시인', '류태영 박사님' 등이 있다. 특히 용혜원 님은 시인이면서 목사님이셨는데 채플 시간에 그분의 말씀을 듣고 학생들이 발칵 뒤집어졌다. 보통 학생들이 강사분들이 말씀을 전할 때 자거나 딴짓을 할 때가 많다. 그런데 용혜원 목사님은 언어의 마술사였다. 말 한마디로 학생들의 마음을 열고 그들을 웃기고 울리고 하셨다. 그날 정말 기적이 일어났다. 학생들이 얼마나 열광적으로 호응하는지…. 채플 후에 교목실까지 학생들이 찾아와서 사인해달라고 했다. 그때 난 채플이나 강단에 어떤 설교자를 세우느냐가 얼마나 중요한지 다시 한번 깨달았다.

반응이 너무 좋아서 야간 수업을 듣는 대학생들 채플에도 모셨는데 정말 대박이었다. 그래서 나는 "목사님 어떻게 그렇게 말씀을 잘하세요?"라고 물었다. 그랬더니 "책을 많이 읽으라"고 나에게 조언을 해주셨다. 자기는 최근에 시집 포함해서 책을 천 권을 읽고 시집을 10권을 썼는데 그중에 세 권이 베스트셀러가 되었다고 했다. 책을 계속해서 읽다 보면 영감이 떠오르고, 표현력이 좋아진다고 했다. 그런데 지금 돌이켜 보면 그 말을 진지하게 받아들이지 못했다. 만일 그때부터 용혜원 목사님의 지도를 받으면서, 독서와 글쓰기, 말하기에 집중했다면 내가 작가와 명 설교자가 되지 않았을까 하는 생각을 해본다. 예수님의 말씀처럼 들을 귀가 없으니 제대로 듣지 못한 것이다.

나는 평일에는 교목실에서 일하고, 주일에는 대학교회 예배를 준비하고 인도해야 했다. 당시 교회 건물이 없어서 교실에서 예배를 드리고 있었다. 연세대가 미션스쿨이면서도 당시 부총장님이나 위에 계신 분들은 '예배당'에 별 관심이 없으셨다. 교목님이 교회를 건축하자고 수없이 건의하고 애를 많이 쓰셨는데, 계속 미루다가 훗날에 교회가 지어지게 된다. 그래서 그때 속이 많이 상했던 기억이 난다.

대학교회 설교는 원래 교목님이 하셨는데, 자리를 비우셔서 한 달에 2번은 내가 맡아서 하게 되었다. 설교할 수 있는 천금 같은 기회를 얻을 수 있어서 너무 감사했다. 그리고 교직원 예배도 있었는데 그때도 가끔씩 말씀을 전할 수 있게 되었다. 그래서 크리스찬 교수님들과 더 친하게 지내게 되었고, 그분들이 나중에 나를 재정적으로 후원해주기도 하셨다. 왜냐하면, 전도사 월급이 정말 적어서 생활이 안 되었기 때문이다. 하지만 하나님께서는 여러 가지 방법으로 부족한 부분을 채워주셨다. 그때 주의 종은 하나님이 책임지신다는 사실을 깨닫게 되었다.

"너희는 먼저 그의 나라와 그의 의를 구하라 그리하면 이 모든 것을 너희에
게 더하시리라"(마 6:33).

나는 교수들과 교내 기독 단체들, 교목실이 서로 연합해서 캠퍼스 사역을 효율적으로 할 수 있도록 중재자 역할을 하려고 애를 썼다. 정기적으로 모임을 가지고 캠퍼스 선교를 위해서 함께 의논하고 기도도 했다. 그 당시 「oh my gods」라는 유명한 기독교 뮤지컬이 있었는데, 그 팀을 학교에 불렀다. 그리고 학생들과 지역주민들을 초대해서 관람했는데, 엄청나게 많은 사람이 참여했다. 그때는 지역 교회에도 협조 공문을 보내고 홍보를 많이 했다. 그리고 세계적으로 유명한 가스펠 가수인 '돈 모엔(Don Moen)' 씨를 초대해서 콘서트를 열기도 했다. 하여튼 난 큰일들을 뻥뻥 터뜨렸다. 그래서 크리스찬 교수님들이 열심히 한다고 나를 너무 좋아해주셨다.

하루는 연세대 도메인에 Dragon이라는 단어가 들어가 있는 것을 보고, 연세대 상징은 독수리인데 왜 사탄의 상징인 Dragon이 들어있는지 의문이 생겼다.

"용을 잡으니 곧 옛 뱀이요 마귀요 사탄이라 잡아서 천 년 동안 결박하여"(계
20:2).

그래서 조사를 해보니 원주에 유명한 절이 황룡사인데 그 절 이름에 용 자가 들어가서 Dragon이라는 단어를 집어넣었다는 것이다. 성경을 몰라도 너무 모르는 행위여서 난 너무 어처구니가 없었다. 그래서 이것을 바로 잡아야겠다는 생각을 했다. 그런데 기회가 온 것이다.

　연세대는 매년 여름과 겨울에 직원들이 수련회를 했다. 그리고 개회 예배와 폐회 예배를 교목님이 주관하셨다. 그해에는 교목님이 안 계셔서 젊고 직급이 가장 낮은 내가 예배를 인도하고 설교해야 했다. 그 모임에는 부총장님, 과장님들을 비롯해서 교직원들이 모두 참석한다. 그때 나는 설교시간에 연세대가 기독교 학교이면서 비기독교적 행위를 한다고 직설적으로 말씀을 전했다. "왜 학교 홈페이지 주소에 Dragon이 들어가느냐?" 나는 Dragon을 빼야 한다고 강하게 설교했다. 그랬더니 나중에 웅성웅성하는 것이었다. 그래서 결국 후에 도메인에서 Dragon을 빼버리게 되었다. 그때 기독교 기관들에서 직원들을 뽑을 때 철저히 신앙을 검증해야 함을 깨닫게 되었다.

　어느덧 1년이 지나고 교목님이 다시 돌아오셔서 나는 원래의 전임 전도사의 자리로 돌아가게 되었다. 교목님은 캐나다에서 상담으로 박사학위를 받으신 분이다. 그래서 지역의 목사님, 사모님들 대상으로 상담학개론을 가르치셨다. 그래서 나도 그 수업을 같이 들었다. 저에게 상담을 공부하면 인간을 이해하고, 목회하는 데 도움이 많이 된다고 기회가 되면 유학을 가라고 권면하셨다. 아내도 유학을 가자고 했는데 여건이 안 되어서 포기를 했다. 왜냐하면 그때 아내가 첫애를 낳고, 둘째를 임신하고 있었기 때문이다.

　2년이라는 시간은 쏜살같이 흘러갔고 연말이 다가왔다. 이제 정들었던 캠퍼스를 떠나야 한다는 게 정말 아쉬웠다. 첫 사역지라서 더욱더 그랬던 것 같다. 과연 다음 나의 사역지는 어디일까? 하나님이 예비한 곳이 어디인지 궁금했다.

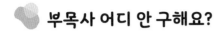# 부목사 어디 안 구해요?

　연세대학교 원주캠퍼스 교목실은 전임전도사의 사역 기간이 2년으로 제한되어있었다. 그래서 연말에는 무조건 사임을 해야 했다. 그래서 난 부목사 공고가 난 교회들에 지원서들을 보냈다. 그중에는 '명성교회', '영락교회' 같은 큰 교회들도 있었다. 기도하면서 한 군데라도 연락이 오겠지 하는 마음으로 기다렸다. 그런데 어떤 교회에서 이력서와 자기소개서를 반송해왔다. 그런데 서류를 살펴보니, 내가 쓴 자기소개서의 특정 부분에 빨간 줄이 그어져 있었다. 난 구원 간증을 적어서 보냈는데 그때 아팠던 이야기와 식도정맥류를 앓았다는 얘기를 적어서 보냈다. 왜냐하면, 그 병으로 인해서 내가 예수를 믿고 은혜를 받았기 때문이다. 그런데 사역자를 뽑는 입장에서는 과거의 병력이 걸림돌이 될 수 있었던 것이다. 난 그때야 왜 내가 부목사로 뽑히지 않는지 이유를 알게 되었다. 그것이 트라우마가 되어서 그 후부터 사역지를 구하거나 사역지를 가서도 과거 병력에 대해 자세히 얘기하지 않았다. 그냥 몸이 약했다, 아니면 예전에 좀 아팠다는 식으로 대충 얘기하고 넘어갔다.

　시간이 지나 2000년 12월이 되어서도 난 사역지를 구하지 못했다. 교목님은 어떻게 되었느냐고 묻는데 정말 난감했다. 이제 남은 시간은 2주 정도밖에 안 되었는데 '어디로 가야 하나?' 그런데 그때 장신대학원 동기로부터 전화가 왔다. 난 그 친구한테 사역지를 구한다고 기도해달라고 부탁했다. 그 동기가 나에게 '수업 시간에 교수님 한 분이 강릉 쪽에서 부목사를 구한다는 얘기를 들었다'고 전해주었다. 그 얘기를 듣고

질그릇 속에 담긴 은혜

기도하는데 갑자기 결혼식 주례를 해주신 고향에 있는 장로교회 목사님 생각이 났다. 그분은 당시 강원동 노회에서 노회장도 역임하셨고 많은 목사님들을 알고 계셨다. 그래서 난 전화로 사정을 얘기하고 사역지를 좀 알아봐 달라고 부탁드렸다. 그랬더니 잠시 기다려보라고 하시더니 얼마 후에 전화가 와서 강릉노암교회 목사님을 소개해주셨다.

강릉노암교회 목사님께 전화했더니 면접을 보러 오라고 해서 강릉에 내려갔다. 예전에 강릉고등학교를 다녔던 기억이 나면서 감회가 새로웠다. 추운 겨울에 목사님과 면접을 했는데, 몇 마디 물어보시더니…. "도계장로교회 목사님이 추천해서 믿고 쓰겠다"라고 하시면서 오라고 하셨다. 할렐루야! 그래서 난 2000년 12월 30일에 원주에서 강릉으로 이사를 했다. 그런데 임신 중인 아내가 너무 무리해서 둘째가 12월 29일에 먼저 세상에 나오게 되었다. 그래서 우리는 두 아이를 데리고 강릉으로 가게 되었다. 지금도 강릉으로 가던 때가 눈에 선하다. 하나님은 여호와 이레! 언제나 내 길을 예비하시는 분임을 다시 한번 깨달았다. 포기하지 않고 끝까지 구하고 찾고 두드리면 반드시 길은 열린다는 진리를 알게 되었다.

"구하라 그리하면 너희에게 주실 것이요 찾으라 그리하면 찾아낼 것이요 문
을 두드리라 그리하면 너희에게 열릴 것이니. 구하는 이마다 받을 것이요 찾
는 이는 찾아낼 것이요 두드리는 이에게는 열릴 것이니라"(마 7:7-8).

나는 교회에 부임 인사를 했는데 교인들이 너무 좋아했다. 어떤 성도님이 "부목사님 보내달라고 3년을 기도했는데… 드디어 오셨네요"라고 했다. 그때 난 '이곳에 온 것이 이분들의 기도 응답이었구나' 하는 것을 알게 되었다. 그래서 나는 다시 한번 '이 교회가 하나님이 인도하신 사역지'라는 것을 확신하게 되었다. 내가 부임할 당시 교인은 5~600명 정도 되었는데 강릉에서는 두 번째로 큰 장로교회였다. 난 '이런 교회에 왜 부목사가 없었을까?' 하는 의문이 들었다. 나중에 얘기를 들어보니 부교역자들이 그동안 어떤 이유로 인해서 1년을 못 채우고 인사도 안 하고 떠났다고 했다. 그래서 성도님들이 저보고 "제발 목사님은 오래 계세요"라고 했다.

나는 부목사로 가기 전에 도계에서 원주로 가서 목회를 하고 계시는 고향 교회 목사님에게 인사를 드리러 갔었다. 그 목사님께서 그때 저에게 "부목사로 가면 담임목사님의 목회방침에 잘 따르고 절대 자기 사람들을 만들지 말라"고 했다. "자신의 유익이 아니라 교회의 화합을 위해서 노력하라"고 했다. 난 그 말을 마음에 새기고 어떻게 해서든지 교회의 덕을 세우기 위해서 애를 썼다.

나는 부목사로 있으면서 교회 행정부터 교육 심방 설교 등 거의 모든 일을 했다. 부목사가 나 혼자라서 담임 목사님으로부터 일대일로 교육을 받을 좋은 기회였다. 목사님은 아주 꼼꼼하시고 일 처리가 빈틈이 없으셨다. 그뿐만 아니라 설교와 교육도 아주 잘하셨다. 그래서 성도들이 잘 훈련되어있었고 교회 체계가 잘 잡혀 있었다. 또한, 목사님은 외부 일이 많으셔서 자주 교회를 비우셔야 했기 때문에 내가 뒤에서 잘 서포트해야 했다. 그리고 목사님은 약간 엄격하셨다. 그래서 성도들과 목사님을 모시고 식사하러 가면 아무도 목사님 앞에 앉아서 식사하려고 하지 않았다. 목사님이 너무 어려워서 소화가 안 된다는 것이다. 그래서 항상 난 목사님 앞에서 식사하면서 말동무가 되어드려야 했다. 그래서 성도들이 담임목사님과 식사하러 갈 때, '이상한 이유'로 나를 꼭 데리고 가려고 했다.

가장 기억에 남는 성도는 K라는 분이다. 그분은 박수무당이었다. 강릉은 오대산을 비롯해서 산들이 많고 바닷가를 끼고 있어서 예로부터 무속신앙이 강했다. 강릉의 유명한 문화행사인 단오제가 되면 대관령에서 산신을 모셔 와서 며칠 동안 강릉 전역의 무당들이 모여서 굿판을 벌인다. 그리고 골목마다 점집들이 있다. K 씨는 내가 부임하기 전에 교회를 나왔는데 속에 악한 영들로 가득 차 있었다고 한다. 그래서 목사님을 비롯해서 성도님들이 귀신들을 쫓아내기 위해서 기도회도 하고 굉장히 고생을 많이 했다는 얘기를 들었다.

그분은 나에게 무속인의 세계에 대해서 많은 것을 얘기해주었다. 자기가 무당을 할 때 교인들도 많이 왔다면서, 자기가 교회에 나오니까 '자기 손님들이 슬슬 피한다'는 얘기를 웃으면서 했다. 그리고 자기도 밤에 산에 가서 기도를 많이 했다면서, 그래야 신력이 쌓인다는 얘기를 했다. 그러면서 자기가 무당과 점쟁이들을 전도하고 싶다면서, 나보고 같이 가자고 했다. 난 주저하는 마음이 있었다. '혹시나 전도하다가 나쁜 일을 당하지는 않을까' 하는 염려가 있었기 때문이다. 그런데 부목사 체면에 차마 그런 얘기는 못 하고 겉으로는 담대한 척하면서 좋다고 했다.

우선 K 씨와 친분이 있는 무당들을 찾아갔다. 처음에는 아는 사이니까 잘 맞아주었는데 본격적으로 전도하니까, 정색하면서 '여기 와서 무슨 짓이냐?'며 화를 냈다. '자기가 예수를 믿으면 무당을 그만둬야 하는데 생활은 어떻게 하냐, 책임질 거냐?'고 따졌다. 그리고 어떤 무당은 목사란 얘기를 안 했는데도, 내 이마에 '십자가 표식'이 보인다면서 빨리 나가라고 했다. 가는 곳마다 욕을 먹고, 제대로 전도가 안 되었다. 그들을 전도하면서 난 영적 세계의 실재에 대해서 더욱 분명하게 알게 되었고, 전도의 현장에서 영적전쟁이 얼마나 치열한지 그리고 하나님의 전신갑주로 무장해야 함을 깨달을 수 있었다.

> *"우리의 씨름은 혈과 육을 상대하는 것이 아니요 통치자들과 권세와 이 어*
> *둠의 세상 주관자들과 하늘에 있는 악의 영들을 상대함이라. 그러므로 하나*
> *님의 전신갑주를 취하라 이는 악한 날에 너희가 능히 대적하고 모든 일을 행*
> *한 후에 서기 위함이라"(엡 6:12-13).*

나의 어머니

강릉에서 부목사로 사역하던 어느 날 저녁이었다. 그날 집에서 텔레비전을 보고 있는데 아버지로부터 전화를 받았다. 목소리가 안 좋으셨다. 나보고 대뜸 "엄마가 죽었다"고 말했다. 나는 순간적으로 너무 충격을 받아서 그 말이 믿기지 않았고 도저히 정신을 차릴 수가 없었다. 나는 부리나케 차를 타고 삼척 병원으로 직행했다. 아버지와 작은아버지들이 모여 계셨는데… 영안실에 가서 천을 거두니까 어머니의 모습이 거기에 있었다. 난 너무 슬퍼서 그 자리에서 엄마를 부르면서 울었다. 내 곁에 오랫동안 계실 줄 알았는데 이렇게 갑자기 훌쩍 떠나다니… 그동안 속만 썩이다가 이제 효도할만하니까 어머니는 하늘나라로 떠나셨다.

동생들도 놀라 울면서 영안실로 들어왔다. 친척들과 친구들 모두 비보에 놀라서 슬퍼하였다. 특히 화상을 입고서 엄마의 사랑을 많이 받았고 또 엄마를 너무나 사랑하고 의지했던 효진이는 엄마의 죽음 앞에서 목 놓아 울었다. 하나님도 믿지 않던 애가 "제발 하나님 우리 엄마 살려주세요!"라고 간절히 기도했다.

나중에 아버지께서 어머니가 어떻게 돌아가시게 된 것인지 말씀해주셨다. 그날이 토요일이었는데, 어머님이 오랜만에 친구들 모임이 있다면서 삼척으로 놀러 가셨다. 그리고 놀다가 저녁에 아버지께 전화해서 집에 들어간다고 했다. 그런데 올 시간이 되었는데도 연락이 없었다. 연락을 기다리던 중 경찰에게서 연락이 왔다. 어머님이 버스를 타고 도계에

도착해서 길을 건너다가 반대편에서 오는 트럭을 보지 못하고 치여서 돌아가셨다는 것이다. 그날이 2002년 10월 12일, 향년 52세에 어머님은 세상을 떠나 천국으로 입성하셨다.

삼일장을 치렀는데 목사님과 교인들도 많이 와서 위로를 해주었다. 장례식을 치르는 동안 수많은 사람이 문상을 왔고 고인 생전에 행했던 아름다운 일들을 추억하며 칭송했다. 그리고 너무 일찍 돌아가셨다고 모두 안타까워했다.

난 세상에서 아버님과 어머님을 가장 존경한다. 어머님은 저희 4남매를 사랑으로 훌륭하게 키우셨다. 특히 화상 입은 여동생과 병으로 몇 번이고 죽을 고비를 넘긴 나 때문에 마음고생을 정말 많이 하셨다. 그러한 사실은 어머님께서 살아생전에 자녀들에게 보낸 편지를 보면 알 수 있다.

> 이 엄마는 자식들의 아픔으로 하루도 죽을 결심을 하지 않는 날이 없었단다. 남모르게 울기도 많이 울고 아무 사는 낙이 없었단다. 그러나 어느 날, 교회를 나가게 되어 하나님을 알고부터 그분이 주신 목숨을 내 맘대로 못 끊는다는 걸 알았지. 엄마에게는 걱정 근심이 떠날 날이 없단다. '남한테 못 할 짓도 안 했는데 왜 내 자식들이 건강하지 못할까' 하는 생각만 하면 정말 가슴이 터질 것 같구나.

어머님은 자녀들 때문에 항상 걱정이 많으셨다. 고3 때 성령 충만한 나는 "어머님, 뭔 걱정이 그렇게 많으세요? 하나님을 믿고 모두 맡기세요!"라고 말을 했다. 그랬더니, 어머님께서 "너도 나중에 자식을 낳아서 키워봐라… 엄마 마음을 알 거다"라고 하셨다. 이제야 자식을 낳고 키우면서 어머니의 마음을 이해할 수 있게 되었다. 자식이 아프면, 부모는 더 아프고 괴롭다는 것을 깨닫게 되었다.

아마 어머님이 나를 키우기가 너무 힘들어서, 중간에 포기했으면 난 벌써 이 세상 사람이 아니었을 것이다. 화상 입은 여동생도 인생이 망가졌을 것이다. 어머님은 '꺼져가는 등불처럼 연약한 나'와 '매일 세상에서 상처받는 여동생'을 어떻게 해서든지 살려보려고 온갖 노력과 정성을 기울였다. 자식들이 집을 떠나서 살면, 제대로 먹지 못할까 봐 한 달에 한 번씩 반찬을 만들어서 택배로 부치곤 했다. 우리 4남매는 어머니의 사랑을 먹고 지금까지 살 수 있었다. 어머니의 사랑은 바다보다 더 넓다. 그 사랑은 너무나도 깊고 깊어서 그 끝을 알 수 없다. 사랑은 절대 포기를 모른다. 사랑은 대상을 향해서 자신의 모든 것을 던져서 희생한다. 어머니의 사랑은 하나님의 사랑을 닮았다.

첫째로 어머님은 자식들에게 본이 되는 삶을 사셨다. 우선 믿음의 본을 보이셨다. 어머님은 새벽 6시에 일어나서 밤 12시까지 쉬지 않고 가정일과 가게 일을 하셨다. 항상 바쁜데도 불구하고 교회 예배는 빠지지 않으셨다. 어머님은 예배시간에 피곤해서 자주 조셨는데, 오히려 목사님은 어머님이 믿음이 있다고 칭찬해주셨다. 보통 사람 같으면 창피해서 교회에 안 나올 텐데… 어머님은 그럼에도 불구하고 교회를 빠지지 않고 잘 나오셨기 때문이다. 그리고 기도에 항상 힘쓰셨다. 기도하면 거의 90% 이상 응답을 받았다. 그래서 사람들이 부러워했다.

한번은 내가 연세대에 다닐 때 학교 장학금을 못 받은 적이 있었다.

그래서 외부 장학금을 신청해서 선정되었는데, 학교에서 부모님 집으로 연락을 했다. 어머님이 전화를 받고 저에게 소식을 전해주시면서 "희준아, 참 신기하다. 엄마가 오늘 40일 작정 기도를 마치는 날이었는데…하나님이 좋은 선물을 주셨네"라고 말하셨다. 난 그때 내가 잘나서 외부 장학금을 받은 것이 아니라 어머님의 기도 덕분이라는 것을 깨달았다. 그런데 외부 장학금 액수가 학교 장학금보다 두 배나 많았고, 한 학기만 주는 것이 아니라 2년 동안 지급하는 것이었다. 그래서 나중에 장학금 주신 분을 찾아가서 왜 연세대학교 신학과에 장학금을 맡겼는지 여쭈어 보았다. 그랬더니 그분이 이상하게 이번에는 믿음이 좋은 학생한테 장학금을 주고 싶다는 마음이 들었다는 것이다. 그래서 연세대학교 신학과로 연락해서 학생을 알아봐 달라고 했다는 것이다. 난 그 얘기를 듣고 하나님이 하신 일이라는 것을 다시 한번 확신할 수 있었다. 할렐루야!!

둘째로 어머니는 부부 사랑의 본을 보이셨다. 두 분은 잉꼬부부로 소문이 났고, 금슬이 너무 좋으셨다. 자식들 앞에서 부부싸움 하는 모습을 한 번도 보인 적이 없다. 물론 우리 없는 곳에서 싸웠을 것이다. 하지만 나는 결혼생활을 하면서 그것이 얼마나 힘든 일인지 절실히 깨달았다. 두 분은 다정하게 얘기를 자주 나누셨다. 아버지는 유머가 많으셔서 어머니를 자주 웃기셨고, 어머니도 얘기를 재미있게 잘하셨다. 두 분은 밤에도 자식들이 잠든 사이에 도란도란 얘기를 나누곤 했다.

어머니는 아버지를 존경하고 순종하셨다. 자식들 앞에서 아버지 험담을 절대 하지 않았다. 항상 좋은 점을 얘기하시고, 아버지의 권위를 세워 주셨다. 물론 아버지가 완벽하지는 않았다. 술, 담배도 많이 하시고 노름도 좋아하셔서 어떨 때는 방마다 노름하고 술 먹는 손님들이 가득차 공부할 곳이 없어서 힘들 때도 있었다. 그렇지만 좋은 점이 더 많으시다. 솔직히 어머니는 가게를 운영하면서 장사가 잘될 때는 아버지보다 수입이 더 많으셨다. 그런데도 아버지가 자식들을 위해서 얼마나 수고하시는지 얘기해주시면서, "아버지한테 잘하라"고 늘 말씀하셨다.

셋째로 어머니는 이웃사랑의 본을 보이셨다. 어머니는 남에게 베푸는 것을 좋아하셨다. 그래서 명절이나 잔칫날 음식을 푸짐하게 해서 주변 이웃들을 대접했다. 한번은 오갈 데 없는 친척 아이를 집으로 데리고 와서 일 년 동안 보살펴주시기도 했다. 그리고 주변에 불쌍한 사람이 있으면 그냥 지나치지 못하고 꼭 도와주셨다. 지금 생각해보면 어떻게 그렇게 살 수 있었을까 싶다. 어머니는 정말 슈퍼우먼 같은 삶을 사셨다. 어머니는 진정 하나님을 사랑하고 이웃을 내 몸같이 사랑하셨다.

나는 어머니를 생각할 때마다 성경의 현숙한 여인이 떠오른다. 그래서 난 어머니와 같은 여자와 만나기를 소원했다. 어머니는 나의 이상향이자 내 마음의 고향이다. 어머니는 나에게 하나님의 사랑을 몸소 보여주셨다. 그 사랑은 절대 포기를 모른다. 어머니는 내가 꺼져가는 등불처럼 깜빡깜빡할 때 자신의 진액을 짜내면서까지 나를 살리기 위해서 희생하신 분이다. 하나님께서 어머니가 그동안 너무 고생이 많으셨다고 천국으로 부르신 것 같다. "어머니 사랑하고 존경합니다. 당신이 해주는 음식이 너무 먹고 싶습니다. 그리고 저를 포기하지 않고 끝까지 사랑해주셔서 감사합니다!".

"누가 현숙한 여인을 찾아 얻겠느냐? 그의 값은 진주보다 더하니라. … 입을 열어 지혜를 베풀며 그의 혀로 인애의 법을 말하며. 자기의 집안일을 보살피고 게을리 얻은 양식을 먹지 아니하나니. 그의 자식들은 일어나 감사하며 그의 남편은 칭찬하기를. 덕행 있는 여자가 많으나 그대는 모든 여자보다 뛰어나다 하느니라. 고운 것도 거짓되고 아름다운 것도 헛되나 오직 여호와를 경외하는 여자는 칭찬을 받을 것이라"*(잠 31:10-30)*

태풍 속에서

2002년은 국가적으로 특별한 해였다. 한국에서 월드컵이 개최되었고, 우리나라가 4강 신화를 쓴 해였다. 그해 6월은 온 나라가 월드컵으로 들썩거렸다. 대회가 끝나고 8월 말에 태풍 루사가 들이닥쳤다. 난 아직도 그날을 잊을 수가 없다. 그날 새벽에 기도회를 마치고 집에 들어갔다. 그런데 얼마 후에 교회에서 내게 빨리 나오라고 연락이 왔다. 가보니까 불과 1~2시간 사이에 비가 얼마나 억수같이 쏟아졌는지 교회 지하로 물이 막 흘러들어 가고 있었다. 그날 온종일 하늘에 구멍이 뚫린 것처럼 비가 억수같이 쏟아졌다. 교회 지하가 다 잠기고 1층도 절반가량이 잠겼다. 목사님과 교인들이 나와서 교회 피아노나 비품들을 옮기고 정신없이 일했다.

목사님과 나 그리고 두 명의 교인이 교회 3층 식당에 갇혔다. 밤이 되었는데 온 세상이 노아의 홍수 심판의 날처럼 천둥, 번개가 치고 비가 계속 쏟아졌다. 교회 옆에 남대천이 있었는데 하천이 범람하고, 교회 주변의 집들은 모두 잠겨서 지붕밖에 보이지 않았다. 전기가 나가서 온 세상이 캄캄한데 초를 켜놓고 우리는 기도하면서 뜬눈으로 밤을 새워야 했다. 아직도 그날이 생생하게 기억난다.

다음날 비가 그치고 교인들이 모여서 피해복구를 시작했다. 교회와 주변 지역이 피해를 많이 입어서 텔레비전 방송에도 나오게 되었다. 그러면서 노암교회가 센터가 되어서 전국의 교회나 기관에서 구호물자가 쏟아져 들어왔다. 교인들은 그 물품들을 정리해서 필요한 사람들에게 나눠주고, 또 동네 사람들은 교회에 와서 필요한 물품들을 받아갔다. 목사님은 선두에서 그 모든 것을 지휘하셨고, 태풍 루사를 통해서 교회가 '지역사회를 위해서 봉사하는 교회'로 소문이 나게 되었다. 오히려 전화위복이 되었다.

하지만 교회 주변에 사는 교인분들은 피해를 많이 입었다. 그리고 어떤 가정은 물이 집안에 갑자기 들어와서 딸이 실종되는 사고가 발생했다. 나중에 사망으로 확인되어 온 교인들이 슬퍼하고 안타까워했다. 교회는 피해자들을 최대한 위로하고 돕기 위해서 최선을 다했다. 위기 가운데 교인들은 더욱더 결속하였고, 합력하여 선을 이루게 되었다. 나는 이 사건을 지켜보면서 '목사가 지도력을 어떻게 발휘해야 하는지, 교회가 고난 가운데 어떤 역할을 해야 하는지'와 같은 많은 것을 배울 수 있었다.

내가 있는 동안 교회는 평안하였고 점점 더 부흥했다. 그래서 목사님께서 예배당을 확장하는 공사를 진행하려 했다. 그런데 건축위원회와 회의가 거듭되면서 차라리 기존 예배당 옆에다가 교회를 새롭게 건축하는 것으로 결론이 났다. 목사님은 '교회건축은 믿음으로 해야 한다'면서, 매일 건축을 위한 특별 기도회를 인도하라고 하셨다. 건축하면서 빚을 좀 졌지만 결국에는 새 예배당을 완공할 수 있었다. 그리고 목사님은 기존 건물과 새 건물을 연결해서 오갈 수 있도록 했다. 돌이켜보면 그때가 노암교회의 최전성기였던 것 같다.

노암교회는 강릉장로교회에서 분립 개척해서 부흥했다. 그래서 장로님들과 성도님들은 '우리도 20주년을 맞이해 개척해서 그 빚을 갚자'라고 말했다. 당회에서는 나에게 교회 개척을 시키자는 의견이 오갔다. 그래서 장로님은 나에게 "개척할 곳을 한번 알아보라"는 얘기까지 하셨다. 그런데 얼마 후에 교회를 새롭게 건축하고 빚이 생기는 바람에 개척 얘기를 꺼낼 수가 없었다. 건축 후에 나는 내가 이곳에서 할 일이 다 끝났다는 생각을 했다.

난 노암교회에서 거의 4년 가까이 있었다. 교인들은 내가 오래 있으니까 나를 인정해주시고 사랑해주셨다. 맛있는 것도 많이 대접해주시고, 물심양면으로 나를 섬겨주셨다. 그땐 정말 부족한 것이 없었다. 목사님도 내가 있는 동안에 가장 마음이 편했다고 말씀해주셨다. 그래서 목사님이 우리 가정을 많이 챙겨주셨다. 아내가 관동대 기독교 학과를 잠깐 다녔는데 학비도 지원해주시고, 아이들 아플 때 심방 오셔서 병원비도 보태주셨다. 그리고 사례비도 많이 올려주시고, 가끔 수고한다고 격려금도 주셨다. 그뿐만 아니라 내가 서울 쪽에 여러 세미나가 있어서 배우고 싶다고 하면 기꺼이 보내주셨다. 가끔은 내가 몸이 약하고 피곤해서 졸기도 했는데 이해해주셨고, 경험 부족으로 실수도 해서 몇 번 야단은 맞았지만 심하게 혼난 적은 없었다. 그리고 잘한 것이 있으면 칭찬도 해주시고, 내가 모르는 것을 많이 가르쳐 주셨다. 그전의 부교역자들에게는 어떻게 하셨는지 모르지만, 나에게는 잘 대해주셨다.

나는 아내와 함께 노암교회를 사임하고 어떻게 해야 할지를 놓고 기도하면서 고민하기 시작했다. 그때 마침 아는 교수님이 "목사님, 미국에서 공부하면서 다녔던 교회에서 사역자를 구하는 것 같은데 미국에 갈 생각이 있느냐?"라고 물었다. 난 예전부터 미국으로 유학을 가고 싶어했기 때문에 그런 기회가 있으면 가고 싶다고 했다. 그래서 난 기대를 가지고 기도하면서 기다렸는데 그것이 잘 안 되었다. 그래서 아내랑 휴가를 내고 기도원에 가서 하나님께 다음 진로를 놓고 기도를 했다. 그곳에서 미국에서 온 어떤 장로님을 우연히 만났는데 내 얘기를 했더니, 이민교회로 바로 가는 것은 힘들고 차라리 유학을 가라고 조언을 해주셨다. 보통 유학을 와서 이민교회 사역을 많이 한다고 했다. 하나님이 그분을 통해서 나에게 말씀하시는 것 같이 느껴졌다. 그래서 유학을 가기로 결심했다.

목사님과 당회에 교회를 사임하겠다고 말씀드렸다. 그러자 모두 내가 그만두는 것을 반대하셨다. 목사님도 붙잡으셨는데 유학을 가고 싶다고 하니까 사임을 허락해주셨다. 퇴직금을 받았는데 교회 건축할 때 작정한 헌금을 내지 못해서 그대로 교회에 드렸다. 목사님은 예배시간에 내 사임을 공식적으로 발표하셨고, 모든 성도에게 인사하고 떠나게 되었다. 내가 부교역자 중에 유일하게 인사하고 떠난 좋은 사례를 남기게 되었다. 그래서 하나님께 정말 감사했다. 할렐루야!!

"모세가 그의 아내와 아들들을 나귀에 태우고 애굽으로 돌아가는데 모세가 하나님의 지팡이를 손에 잡았더라"(출 4:20).

믿음으로 태평양을 건너다

아버지는 어머님 사후에 재산을 정리하고, 사고 보험금 나온 것을 합해서 서울에 원룸을 하나 구입하셨다. 그리고 효진이에게 '엄마 피 값으로 산 건물'이니까 잘 관리하라고 맡기셨다. 그래서 효진이와 막냇동생은 4층 전체를 쓰면서 원룸을 관리하고 있었다. 나와 아내와 두 아이는 강릉을 떠나서 두 동생과 함께 생활하게 되었다. 난 유학을 가기 위해 토플학원을 등록해서 두 달간 집중적으로 공부했고 CBT를 300점 만점에 250점을 맞았다. 그래서 미국의 몇 군데 신학교에 지원서를 보냈다.

여동생 효진이는 어머님이 돌아가시고 나서 바로 교회를 등록해서 다니기 시작했다. 왜냐하면, 그것이 어머님의 유언이었기 때문이다. 어머님은 돌아가시기 전날인 금요일 구역모임에서 "효진이가 예수를 믿어 구원받기"를 기도해달라고 했다. 그래서 우리 가족과 두 동생과 함께 매일 저녁 기도회를 했다. 그러던 어느 날 아내가 "효진이 아가씨가 환상 중에 비행기를 타고 다니는 것을 봤다"라고 했다. 효진이에게 얘기했더니 믿지 못하는 표정이었다. 그 당시에는 책도 쓰지 않았고 방송에 출연도 하지 않는 무명의 시절이었다. 나는 '앞으로 하나님이 효진이를 세계적으로 쓰시려는가' 하는 생각을 막연히 했다. 물론 당시에 나도 효진이가 지금처럼 책을 쓰고 방송하며 전국으로 하나님을 간증하러 다니리라고는 상상도 못 했다.

2005년 4월 즈음에 텍사스 포트워스에 있는 사우스웨스턴 신학교에서 입학허가서를 받았다. 사실 나는 이 학교에 대해서 전혀 몰랐다. 하루는 토플학원에서 유학을 준비하는 어떤 목사님을 만나게 되었다. 그 목사님이 사우스웨스턴이라는 침례교 신학교가 있는데, 신학이 건전하고 특히 학비와 생활비가 싸다는 얘기를 해주어서 그곳에 지원을 했다. 결국 그 학교에서만 합격통지서가 날아와서 그곳으로 가기로 했다. 그리고 유학 가기 전에 건강검진이나 받아보자는 생각에 예전에 다녔던 병원에 가서 검사를 했는데, 여전히 간경화와 식도정맥류는 그대로 있었다. 의사에게 "유학을 가려고 하는데 괜찮겠냐?"고 물었더니, 될 수 있으면 안 가면 좋겠다고 얘기를 했다. 한국은 의술이 좋아서, 여기서 문제가 생기면 바로 조치하면 되는데, 미국은 내시경 시술이 한국보다 못하다는 얘기를 했다.

사실 유학은 여러 가지로 나에게 큰 도전이었다. 그 당시 나이가 30대 중반이었고 아내와 두 아이를 데리고 가야 했기 때문이다. 게다가 유학 비용도 없어서 미국에 도저히 갈 형편이 안 되었다. 그리고 어릴 때부터 나를 괴롭히던 질병도 여전히 내 안에서 나를 위협하고 있었다. 그래서 아버지와 형제들, 의사도 유학 가는 것을 반대했다. 사실 내가 부목사를 사임하고 유학을 결심한 것은 돈이 있어서 한 것이 아니라, 오직 믿음으로 일을 저지른 것이었다. 그런데 막상 현실의 장벽이 내 앞에 견고한 성처럼 나타나자 마음이 답답하고 고민이 많아졌다.

어느 금요일 밤, 동네를 산책하고 있는데 어떤 교회에서 금요기도회를 하고 있었다. 가슴도 답답해서 들어가서 앉았는데 마침 목사님이 '히스기야가 죽을병에 걸렸다가 기도해서 낫는 부분'을 설교하고 있었다.

그런데 그 말씀이 마음에 와닿으면서 나도 기도원에 가서 죽기 살기로 기도해야겠다는 생각이 들었다. 이번에 성령의 불을 받아서 병도 다 고쳐야겠다는 각오가 섰다.

> "히스기야가 낯을 벽으로 향하고 여호와께 기도하여 이르되. 여호와여 구하오니 내가 진실과 전심으로 주 앞에 행하며 주께서 보시기에 선하게 행한 것을 기억하옵소서 하고 히스기야가 심히 통곡하더라…. 여호와의 말씀이 내가 네 기도를 들었고 네 눈물을 보았노라 내가 너를 낫게 하리니 네가 삼 일 만에 여호와의 성전에 올라가겠고 내가 네 날에 십오 년을 더할 것이며"(왕하 20:2-6).

난 오산리 기도원에 올라갔다. 그곳은 하루에 4번 예배를 드렸다. 두 달 동안 머물면서 240번의 예배를 드렸고, 밤낮으로 기도하면서 하나님의 기적을 구하였다. 금식은 오래 못하고 3일 금식 한 번, 일주일 금식한 번 해서 총 10일을 했다. 기도원에 오신 강사분들 중에는 '예전에 자신이 암이나 불치병으로 있다가 고침받았다'는 간증을 하시는 분들이 있었다. 그런 분들의 간증이나 설교를 듣고 나면 난 하나님께 '저분도 고쳐주셨는데 나도 고쳐서 쓰임 받게 해달라'고 간절히 기도했다. 어느 날 밤에는 작정하고 산에 있는 무덤가에 가서 침낭을 뒤집어쓰고 죽기 살기로 기도하기도 했다. 혈루병 걸린 여인처럼 난 정말 간절하고 절박했다. 기도원에서 금식기도로 고침받은 분들의 간증이 실린 책을 읽으면서 하나님이 지금도 살아계셔서 병을 치료하신다는 확신이 들었고 더욱더 기도에 매달렸다.

"하나님, 유학을 갈 수 있도록 후원자를 붙여주세요"라고 간절히 기도했다. 그런데 어느 날 기도원에 굶고 있는 아이들을 보았다. 얘기를 들어보니 부모님이 파산하고 기도원에 왔는데 돈이 없어서 밥을 못 사 먹는 어려운 형편에 놓여있었다. 그래서 나도 돈이 없는데 카드를 긁어서 밥을 여러 번 사주었다. 그리고 또 필리핀에서 온 현지 목사님을 우연히 만났는데, 교회 사역에 돈이 필요해서 후원을 받기 위해 한국에 왔다고 했다. 영어로 대화했는데, 정말 형편이 딱했다. 그래서 나도 어렵지만 약간의 돈을 마련해서 지원해주었다.

난 정말 이해할 수 없었다. 후원자를 보내주지는 않고, 왜 어려운 사람들만 자꾸 만나게 하시는지… 정말 하나님이 너무 하신다는 생각이 들었다. 그런데 마음에 '네가 먼저 심어라'라는 감동이 왔다. 그리고는 말씀이 떠올랐다. 그래서 마음을 바꿔먹고 그때부터 물질로 심기 시작했다.

"주라 그리하면 너희에게 줄 것이니 곧 후히 되어 누르고 흔들어 넘치도록 하여 너희에게 안겨 주리라"(눅 6:38).

어느덧 작정한 두 달의 시간이 다 끝나게 되었다. 나는 하나님의 치유를 확신하고 병원에 가서 검사했다. 드디어 결과가 나오는 날이었다. 난 기대를 잔뜩 하고 의사를 만났다. 그런데 의사가 병은 그대로라는 얘기를 했다. 난 그 말을 듣고 너무 실망했고 낙심했다. "그토록 간절히 기도했는데, 병을 안 고쳐주시다니! 하나님 정말 너무합니다! 나도 사도바울처럼 '내 은혜가 족하도다' 하면서 살아야 되나?" 별생각이 다 들었다.

그리고 '병이 나으면 당당히 간증하면서 유학을 가려고 했는데 어떻게 해야 한단 말인가? 사람들에게 유학 간다고 선포했는데, 이대로 한국에 남는다면 나만 실없는 사람이 되는 것이 아닌가?'.

　고민 끝에 어차피 한국에 있으나 미국에 가나 병은 그대로이고, 이제까지 한국에서도 고등학교 때 병이 발병한 이후 괜찮았으니, 하나님께 맡기고 가기로 결단을 내렸다. 그리고 아버지께서 마음을 바꾸시고 유학을 허락해주셔서 비용을 좀 마련해주셨고, 몇몇 지인분들이 후원해주어서 비행기를 타고 태평양을 건너 기대했던 미국으로 가게 되었다. 돈 있는 사람들에게는 유학이 아무것도 아니지만, 나에게는 태평양을 건너는 것이 마치 이스라엘 백성이 홍해를 건너는 것과 같은 기적이었다. 지금 생각해보면 기도원에서 2달간 기도시킨 이유가 앞으로의 미국 유학과 이민목회를 위해서 하나님께서 나를 영적으로 준비시켰다는 것을 깨달았다.

사우스웨스턴 신학교

2005년 8월 드디어 꿈에 그리던 미국에 도착했다. 장신대학원 동기 목사님이 마중을 나와서 학교까지 우리 가족을 태워 주었다. 그날은 한여름이라서 햇볕이 정말 뜨겁고 너무 더웠다. 사우스웨스턴 신학교는 미국 텍사스주 포트워스라는 도시에 위치한다. 남 침례교단에 속해있으며, 미국에서 가장 큰 신학교다. 한국 신학생들이 약 300명 정도 되었고, 가족들까지 합하면 1,000명이 넘었다.

장신대학원 선배와 동기들도 몇 명 있었는데 우리 가족이 정착하는 데 많은 도움을 주었다. 필요한 살림살이는 마트에서 사거나 가라지 세일(Garage sale)에서 구하기도 했다. 차가 없어서 그분들이 필요한 곳이 있으면 태워주시기도 하셨고, 학교생활부터 이민생활을 어떻게 해야 하는지 자세하고 친절하게 안내해주셨다. 학교 기숙사들이 여러 군데 있었는데 나는 학교 앞에 있는 타운하우스에서 살았다. 1층은 거실과 주방이고 2층은 침실로 되어있는데 한국에서 살 때보다 집이 더 좋았다. 그리고 기숙사 안에 잔디가 깔려있어 아이들이 마음껏 뛰어놀 수 있었다.

아이들은 유치원에 보냈는데 처음에는 영어를 못해서 좀 힘들었지만 금방 적응을 하고 1년 정도 지나자 유창하게 영어를 구사하였다. 학교 선생님들도 너무 친절하시고, 학생들을 인격적으로 대해주셨다. 선생님들이 수업을 재미있게 하셔서 아이들이 학교 가는 것을 좋아했다. 아이들에게는 그야말로 천국이었다.

나는 상담을 전공했는데 3년 과정이었다. 첫 수업을 들어갔는데 30~40% 정도밖에 이해를 못 했던 것 같다. 어떤 교수는 텍사스 사투리를 쓰고, 어떤 교수는 웅얼거리는 목소리로 말을 해서 알아듣기가 더 힘들었다. 어떨 때는 교수가 숙제를 내줬는데 그것도 몰라서 헤매었다. 한국에서는 나름 영어를 잘한다고 했는데, 읽기만 좀 괜찮고 듣기, 말하기, 쓰기는 제대로 안 되어서 고생을 많이 했다. 한국 학생들이 수업 시간에 스피킹이 안 되어서 너무 조용한데 시험 보면 성적이 괜찮은 것을 교수들이 신기하게 생각했다. 첫 학기는 모든 것이 낯설고 새로워서 적응하는 데 좀 힘들었지만, 시간이 갈수록 점점 나아지기 시작했다.

한국에서 가져간 돈은 정착 자금, 학비 그리고 중고차를 구입하니까 금방 바닥났다. 12월이 되었는데 당장 1월에 낼 등록금이 없었다. 그렇다고 한국에서 돈을 보내달라고 할 수도 없고, 고민이 많이 되었다. 그런데 그 당시에 난 영어 성경을 열심히 암송했다. 영어공부도 하고 영적으로 무장을 해야겠다고 생각했기 때문이었다. 그때 외우고 있던 말씀이 고전 2장 9절이었다.

> *"하나님이 자기를 사랑하는 자들을 위하여 예비하신 모든 것은 눈으로 보지*
> *못하고 귀로 듣지 못하고 사람의 마음으로 생각지도 못하였다 함과 같으니*
> *라"(고전 2:9).*

난 위의 말씀을 암송하면서 '하나님! 나에게도 이런 기적을 나타내 주소서! 등록금을 채워 주시옵소서!'라고 길을 걸으면서도 암송하며 기도했다.

어느덧 12월 24일, 크리스마스이브가 되었다. 우리 가족은 미국 학생 부부의 집에 식사 초대를 받았다. 우리는 한국식으로 생각하고 저녁을 먹지 않고 갔는데, 약간의 음식만 내놓아서 당황했던 기억이 난다. 나는 그들에게 하나님을 어떻게 믿게 되었는지, 한국에서 어떻게 미국에 왔는지를 간증하고, 다음 학기 등록금을 채워 주기를 기도해달라고 했다. 그날이 토요일이었는데 그다음 주 화요일에 학생 남편에게 전화가 와서 내게 만나자고 했다. 그런데 만나서는 나에게 현금 100불짜리로 12장 즉 1,200불을 주는 것이었다. 난 놀라서 "이게 뭔 돈이냐?"라고 물었더니, 자기가 내 간증을 듣고 토요일 밤에 전화로 고향에 있는 아버지에게 얘기했는데, 그 아버지가 담임목사님께 얘기해서 주일에 나를 위해서 특별헌금을 거두었다고 했다. 그러면서 학비에 보태라고 했다. 나중에 그 교회를 방문해보았는데 완전히 백인들만 모이는 교회였다.

정말 내가 암송했던 성경 구절대로 전혀 생각지도 못한 기적이 일어났다. 난 하나님이 그런 방법으로 채워주시리라 상상도 못 했다. 생각해 보라! 예를 들어 '한국교회가 필리핀에서 온 신학생이 어렵다는 얘기를 누군가를 통해서 토요일에 듣고 주일날 바로 특별헌금을 거두어서 보내줄 확률이 얼마나 되겠는가?' 그런데 그런 일이 실제로 내게 일어났다. 게다가 한 달 정도 후에 그 교회에서 또 한 번 생활비에 보태 쓰라고 2,800불 헌금을 보내왔다. 난 하나님이 살아계시며 우리 가정을 돌보고 있다는 사실을 확신하며 너무 감사를 드렸다. 내 간증을 듣고 주변에 있는 신학생들이 모두 놀라워했다. 어떤 목사님은 자기네 교회에 와서 성경 암송에 대한 말씀을 전해달라고까지 했다. 할렐루야!!

나와 아내는 학비와 생활비를 마련하기 위해서 일을 해야 했다. 당시 신학생들 대부분이 일했다. 교회나 집에서 후원을 받아서 공부하는 신학생들은 극히 소수였다. 학교 내에서 잔디를 깎거나, 페인트를 칠하기도 하고, 건물 청소 등 다양한 일을 했다. 나도 한 학기 동안 청소 일을 했다. 또 어떤 분은 핸드폰 파는 일을 하거나, 한국 베이커리샵에서 빵을 만들거나 파는 일을 하기도 했다. 그리고 또 주일에는 교회에 가서 파트타임으로 사역을 하는 분도 있었다. 그래서 대체로 유학생들이 공부에 전념하기가 힘들었다. 그리고 너무 피곤해서 낮에는 수업 시간에 졸 때도 많았다. 난 유학생의 현실을 지켜보면서 한국교회가 인재를 키우는 데 너무 인색하다는 생각을 했다. 담임목사 청빙할 때는 학벌 좋은 목사 구하기를 원하면서, 정작 유학생들을 위해서는 거의 투자를 하지 않는 것에 좀 화가 나기도 했다.

아내도 뭔가를 해야 해서 하나님께 기도하는데 '네 손에 있는 것으로 채워주겠다'라고 응답을 주셨다. 그래서 아내가 아가씨 때 미술 선생님을 한 경험을 살려서 미술 과외를 했다. 그때 하나님은 우리가 가지고 있는 경험이나 재능을 사용하신다는 것을 깨달았다. 공부하랴, 알바하랴 그리고 애들 케어하랴(미국에는 아이들을 차로 데려다주고 데리고 와야 한다) 정신이 없었다. 그때 어떤 한국 유학생이 홈스테이(하숙)를 해보라고 얘기해주었다. 그래서 난 기도하면서 한국에서 미국에 오고 싶은 중·고생을 알아봤다. 그런데 친구가 여학생을 소개해줘서 홈스테이를 하게 되었다. 이처럼 하나님은 우리들의 필요를 때에 따라 돕는 은혜로 채워주셨다.

유학 기간 내 소원이 도서관에서 공부만 하는 것이었다. 가족이 있으니까 가장으로 책임을 다해야 하고, 공부도 따라가야 했다. 두 가지를 모두 하는 것이 벅찼다. 그래서 공부도 때가 있다는 것을 깨달았다. '만일 내가 대학생 때 방황하지 않았더라면, 졸업 후에 바로 유학을 와서 공부에만 전념할 수 있었을 텐데. 군대도 가지 않았기 때문에 빠르면 30대 초반에 박사학위를 받아서 한국에 가서 교목이나 교수를 할 수 있었을 텐데'라는 상상을 많이 했다. 혹시 외국 박사를 꿈꾸는 사람이 있다면, 하루라도 빨리 유학 가기를 조언한다. 그러나 석사학위만 받거나 잠시 유학을 하는 것이라면 늦어도 관계가 없다고 생각한다.

한국에 있을 때는 미국에 가면 영어를 잘하게 될 줄 알았다. 그런데 수업 시간 외에는 가족들과 있는 시간이 많다 보니 한국말을 더 많이 하게 되었다. 그리고 한국 신학생들과 어울리고, 한국 마켓 다니고, 한국 식당 가고, 한국교회 가고, 한국 드라마나 영화를 보다 보면 어떨 때는 내가 미국에 있는지 한국에 있는지 헷갈릴 때가 있다. 그래서 미국에 오래 사신 분 중에 영어를 잘하지 못하는 분들이 많다. 오히려 조금만 노력하면 한국이 영어 공부하기 더 좋을 수도 있다. 한국에서 영어학원 다니고, 영어원서로 공부하고, 외국 친구 사귀고, 미국 드라마나 영화를 보고, 외국인 교회를 다니면 유학생들보다 영어를 더 잘할 수 있다. 그러므로 유학을 생각하는 분들은 한국에서 어학을 충분히 준비하거나 아니면 미국에 와서 어학연수를 받는 것이 좋다고 생각한다.

상담이 너무 어려워요!!

　사우스웨스턴 신학교는 매일 학교 채플이 있다. 모든 신학생이 의무적으로 참석해야 했다. 총장님도 참석하시는데 설교를 하시거나 사회를 보실 때가 많았다. 인상적인 것은 설교가 끝난 후에 총장님이 학생들에게 기도하고 싶으면 강단 앞으로 나오라고 초청을 한다. 그러면 신학생들이 강단 위에 올라가거나, 아니면 강단 앞에서 기도한다. 그러면 총장님은 열정적으로 기도회를 인도하셨다. 졸업식 때도 졸업생들과 가족과 참석자들에게 복음을 전하고 예수를 믿기로 작정한 분들을 위해서 기도를 해주었다. 그리고 신학생들에게 지역사회에 가서 복음을 전하도록 격려를 아끼지 않으셨다. 난 그런 점들이 너무 좋았다.

　사우스웨스턴은 모든 학생에게 학비를 50% 감면해준다. 그리고 텍사스는 물가와 기름값이 다른 주보다 저렴해서 유학생들이 많이 몰렸다. 게다가 복음주의적인 신학을 가르쳐서 한국에서는 총신이나 침신, 성결교 신학생들이 많이 유학을 왔다. 난 상담과목 외에 신학과 과목도 들었는데, 교수들이 정말 알차게 잘 가르쳤다. 휴강도 잘 안 하고, 수업 준비를 철저하게 해와서 한 학기 동안 배우는 분량이 상당히 많았다. 그래서 한 학기가 끝나면 제대로 공부한 것처럼 참 뿌듯했다. 그리고 수업 시간에 교수가 일방적으로 강의하는 것보다 학생들과 질의응답도 하고, 소그룹으로 프로젝트 수업도 많이 했다. 물론 유학생들에게는 영어 때문에 힘든 시간이었다.

나는 한국에서 신학만 공부하고 심리학이나 상담 쪽으로 전혀 공부하지 않았기 때문에 바로 영어로 상담을 공부하는 것이 아주 힘들었다. 용어 자체가 생소하고, 기초지식이 없으니까 수업을 이해하지 못할 때가 많았다. 반면에 신학은 너무 쉬웠다. 왜냐하면, 한국에서 이미 신학을 공부했기 때문이다. 조직신학을 한 학기 들었는데, 시험을 치고 얼마 후에 교수가 갑자기 내 이름을 불렀다. 그래서 손을 들었더니 내가 1등을 했다고 교수와 학생들이 박수를 쳐주었다. 순간 너무 어리둥절하고 당황스러웠다. '내가 그렇게 공부를 잘했나?'라는 생각이 들었다. 헬라어도 두 학기를 공부했는데 나와 미국 학생이 우수학생으로 뽑혔다. 그래서 차라리 신학으로 석사를 할 것을 괜히 상담을 한 것이 아닌가 하는 후회도 약간 했었다. 그래서 난 한국에서 신학을 공부하지 않은 학생이 영어가 원어민처럼 되지 않는 상태에서 외국에서 신학 공부하는 것은 좋은 선택이 아니라고 생각한다. 왜냐하면 수업 내용을 제대로 이해하지 못하기 때문이다. 영어를 잘하면 상관이 없다.

연세대 교목님께서 유학 가기 전에 나에게 상담을 공부하면 좋다고 권면을 해서 상담을 선택했다. 그리고 은퇴가 4년 남았는데 그 안에 박사학위를 받아서 오면 후임으로 적극 추천해주겠다고 해서 최대한 빨리 학위를 받고 싶었는데… 상담은 영어로 공부하기에는 내게 너무 어려운 과목이었다. 게다가 상담 실습을 3학기를 해야 했기 때문에 더 힘들었다. 상담은 이론만 하는 것이 아니라 실습도 같이해야 했다. 학교 내에 상담소가 있어서 지역주민들이나 학생들이 상담을 받으러 온다. 그러면 상담학과 학생들이 그들을 상담해준다.

상담 실습은 두 명이 짝을 지어서 했다. 내 파트너가 미국 여학생이었는데 첫 클라이언트가 미국 부부와 딸이었다. 세 명이 영어로 떠들면 난 그들의 말을 전부 알아들을 수 없어서 진땀을 흘려야 했다. 다행히 내 파트너가 많이 도와줘서 실습을 무사히 마칠 때가 많았다. 그런데 문제는 한 학기에 한 번 있는 상담 실습 평가 시간이었다. 그때는 나와 파트너가 상담하면 그것을 동영상으로 녹화한다. 그리고 그 영상을 밖에서 교수님과 학생들이 모니터링한다. 그리고 실습이 마치면 긴 탁자에 빙 둘러앉아서 나와 파트너에게 여러 가지 질문을 한다. 그때는 정말 도망가고 싶을 정도로 힘이 들었다.

석사과정은 아무것도 아니다. 박사과정에 올라가면 실습생들을 지도하고 감독해야 한다. 그래서 내담자들과 상담한 내용을 다 이해해야 하고, 그것에 대해 평가도 하며 실습생들이 질문하면 대답도 해주고 지도를 해줘야 한다. 게다가 박사과정에 들어가면 세미나도 인도해야 하고, 교수님, 동료들과 토론도 해야 한다. 한마디로 박사를 하려면 영어를 거의 원어민 수준으로 해야 한다. 그래서 박사과정에 들어간 유학생 중에는 스트레스를 너무 심하게 받아서 병이 걸릴 때도 있고, 중도 하차하는 경우도 있었다.

난 박사를 해야 하나 고민을 많이 했다. 박사를 성공적으로 마친다고 해도 6~7년이 걸리는데 그러면 나이가 45세가 된다. 그때 한국에 돌아가서 교수를 할 수 있다는 보장도 없다. 게다가 과도한 스트레스를 받아서 건강이 악화될까 두려웠다. 그래서 난 석사만 하기로 했다. 혹시 미국에 상담으로 공부하러 가실 계획이 있는 분들은 영어 말하기와 듣기를 잘해야 한다. 그리고 한국에서 미리 심리학이나 상담에 관해서 공부를 해야 수업을 따라갈 수 있다.

미국 대학은 졸업하면 취업을 할 수 있는 1년짜리 취업비자를 내준다. 그것을 OPT라고 부른다. 이때 상담학과 졸업생들은 미국교회 상담소나 크리스찬 상담소 같은 곳에 취업을 할 수 있다. 상담 이론 시험을 패스하고, 실습 3천 시간을 하면 자격증을 받아서 정식 상담사가 될 수도 있다. 나도 영어만 되면 이 과정에 도전하고 싶었는데 아쉽게도 포기를 했다.

하지만 상담을 공부하면서 좋은 점도 있었다. 우선 인간에 대해서 더 깊은 이해를 할 수 있었다. 난 상담과목 중에 '이상심리학'을 배우면서 인간에게 정신질환이 그렇게 많은 줄 처음 알았다. 우울증, 정신분열증, 성격장애 등등… 수많은 질병들이 있었다. 이런 것도 모르고 내가 목회를 했나 하는 생각이 들었다. 신학교에서 이런 과목은 가르치면 좋겠다는 생각이 든다. 난 상담을 공부하면서 정신적 건강이 육체적 건강보다 훨씬 중요하다는 것을 깨달았다.

내가 실습할 때 한국 부부를 상담한 적이 있었다. 그들은 딸 때문에 너무 힘들어했다. 딸이 조울증이 심했다. 그래서 수시로 남자들을 집으로 끌어들여서 성관계도 하고, 음악을 크게 틀어놓아서 동네를 시끄럽게 하기도 했다. 또 딸은 직장을 계속 옮겨 다녔다. 왜냐하면, 직장에서 계속 손님들과 싸우고 문제를 일으켰기 때문이다. 부모에게 돈을 요구하고, 돈을 주지 않으면 부모에게 싸움을 걸었다. 부모가 아무리 애를 써도 통제가 되지 않았다.

그 어머님이 나에게 "자기 딸이 저렇게 된 것은 자기 탓이다"라고 말했다. 어머님은 이민을 와서 혼자서 딸을 키웠다고 한다. 낮에는 온종일 일을 하고 밤늦게 들어왔는데, 아이를 혼자 집에 방치해두었다. 부모의 보살핌을 받지 못하다 보니 애가 저렇게 되었다면서 나보고 교회 목사님이니까 성도들에게 꼭 전해달라고 했다. "애가 어릴 때는 부모가 같이 있어주는 것이 돈을 버는 것보다 훨씬 중요합니다. 돈을 번다고 애를 방치하면 나중에 저처럼 크게 후회할 날이 옵니다". 그 말을 지금도 잊을 수가 없다.

상담을 공부하면서 아내와의 관계가 좋아졌다. 상담 시간에 대화하는 법, 듣는 법을 많이 배우고 실습했다. 상대방의 말을 공감해주고, 감정을 읽어주고 그것을 있는 그대로 반영해주는 법 등을 배웠다. 상담을 공부하기 전에는 아내가 나에게 뭐라고 하면 그것을 들어주고 맞장구쳐주고 공감해주지 못했다. 오히려 아내에게 정답을 얘기해주고 이성적으로, 분석적으로 문제를 해결하려고 하다 보니 관계가 더 안 좋아졌다. 예를 들면 이런 것이다.

나쁜 대화

아내: 여보, 어떤 교인이 저를 힘들게 해요. 그분과 더 이상 만나고 싶지 않아요.

남편: 여보, 교인인데 힘들어도 만나야지. 사모가 교인을 피하면 어떡해….

좋은 대화

아내: 여보, 어떤 교인이 저를 힘들게 해요. 그분과 더 이상 만나고 싶지 않아요.

남편: 당신이 그 교인 때문에 많이 힘들었겠구나! 난 당신 마음 이해할 수 있어….

특히 목회자들은 대화하고 상담하는 훈련을 꼭 받아야 한다고 생각한다. 목회자가 심방 가서 성도가 힘든 얘기를 할 때 '기도하지 않아서 그렇습니다. 기도하면 다 해결됩니다. 힘들면 성경을 읽으십시오'라며 정답만 얘기하면 성도들은 전혀 위로받지도 못하고 더 이상 목사님께 얘기하지 않게 된다. 그럴 때는 성도님들의 얘기에 맞장구쳐주고, 고개를 끄덕여주고, 성도의 감정에 공감을 해주어야 한다. 그리고 나서 기도를 해주고 적합한 말씀도 주면 100점짜리 심방이 되는 것이다.

Part. 4

코끼리도 울리는
이민목회

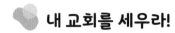 **내 교회를 세우라!**

　난 2008년 5월에 졸업했다. 그 해는 학교 설립 100주년이 되는 해였다. 그래서 졸업식을 하는데 더 특별하게 다가왔다. 3년간의 유학생활은 많은 것을 배우고, 좋은 만남을 가지게 된 소중한 시간이었다. 난 졸업을 하기 전에 다음 진로를 놓고 고민하다가 이민목회를 해야겠다고 결심을 했다. 이왕 미국까지 왔으니 여기서도 목회를 하면 좋겠다는 생각이 들었다. 그래서 이민교회 세 군데에 부목사 지원서를 냈다. 그리고 40일을 작정하고 새벽기도를 드렸다. 그런데 기대와 달리 아무 데서도 연락이 오지 않았다. 난 너무 실망했고, 앞으로 어떻게 해야 하나 고민이 되었다.

　당시에 난 달라스에 있는 '베다니장로교회'를 다니고 있었다. 박준걸 목사님은 장신원 선배이신데 사우스웨스턴에 후배들이 있다는 소식을 듣고 학교에 오셔서 맛있는 것도 사주시고 격려도 해주셨다. 그것이 인연이 되어서 2008년이 시작되면서 그 교회를 출석하고 있었다. 교회에 다니면서 하루는 목사님께 '이민목회를 해보고 싶다'고 말씀드렸다. 그러자 '이민목회는 정말 힘들다면서 한국에 가서 목회하는 것이 좋다'고 권면하셨다. 그런데 지원서를 냈는데 한군데서도 연락이 오지 않았다는 얘기를 들으시고는 그러면 본인 교회에 파트타임으로 사역을 해보라고 기회를 주셨다. 하나님은 피할 길을 주시며, 언제든지 내 길을 인도하시는 분이심을 다시 한번 깨달았다.

혹시 사역지나 취업 때문에 고민하는 분들이 있는가? 하나님은 준비된 자를 쓰신다. 먼저 내가 준비되어있는지 점검해보자. 준비가 되었다면 구하고 찾고 두드리자. 하나님께서는 그분의 때에 나에게 꼭 맞는 곳으로 인도해주신다. 사실 난 큰 교회에서 부교역자를 해보고 싶었다. 하지만 하나님은 내가 몸이 약한 것을 아시고 일이 많은 곳은 보내지 않으셨다. 꼭 내가 감당할 수 있는 곳으로 보내셨다. 내가 원한대로 기도 응답이 안 되었다고 실망하지 말자. 하나님이 열어주시는 곳이 마음에 안 들어도 그리고 이해가 안 되어도 그곳이 내 자리다. 거기에 가서 일하다 보면 왜 하나님이 그곳으로 인도하셨는지 깨닫게 된다.

박준걸 목사님의 부름을 받고 교회 옆으로 이사했다. 그때가 2008년 6월이었던 것 같다. 나는 사우스웨스턴에서 목회학 박사를 하겠다는 계획을 세웠다. 목사님도 나에게 공부도 하고, 내 밑에서 이민목회 경험을 쌓고 있으면, 담임목회 자리가 났을 때 소개해주겠다고 하셨다. 내가 생각해봐도 그것이 최선의 계획인 것 같아서 그렇게 하기로 했다. 나와 아내는 당시 영적으로 갈급해서 매일 새벽기도를 나가 한 시간씩 부르짖으며 기도를 했다.

그런데 어느 날 내 마음속에 "내 교회를 세우라"는 감동이 왔다. 기도 후에 아내에게 혹시 은혜받은 것이 없냐고 했더니 자기도 "내 교회를 세우라"는 감동을 받았다고 했다. 그래서 도대체 교회를 세우라는 것이 무슨 뜻일까? 고민이 되었다. 개척을 하라는 것인가? 어떻게? 어디에서? 꼬리를 물고 계속해서 생각이 이어졌다. 나와 아내는 너무 갑작스러워서 당황이 되었다. 이것은 내 계획에는 전혀 없는 내용이었다. 그래서 아내와 함께 도대체 어디에 교회를 세우라는 것인지를 물었다. 하루는 아내가 기도하는데 하나님이 환상으로 보여주셨다. 산과 바다와 호수가 보이는데 경치가 너무 아름다운 곳이라고 했다. 안개가 끼어있고 비가 온다는 것이었다. 텍사스는 산이나 바다도 없고 비도 많이 오지 않는 곳이어서 아니었다. 도대체 그곳이 어디일까? 너무 궁금했다. 그래서 여기저기 알아보다가 마침 시애틀에 있는 선배에게 연락해서 환상 본 것을 얘기했더니, 그곳이 시애틀이라고 했다. 시애틀은 산, 바다, 호수가 있고 경치도 너무 아름답고, 일 년에 거의 7개월은 비가 오고, 안개도 자주 긴다고 했다.

우리 부부는 '시애틀로 정말 가야 하나?' 고민이 되었다. 그래서 일단 이사비용이 얼마나 드는지 알아보았다. 그래서 견적을 내보니 이사비용만 5~600만 원이 들었다. 그리고 아파트를 일 년 계약했는데, 계약 전에 나오게 되면 위약금으로 240만 원을 물어야 한다고 했다. 최소한 1,000만 원은 있어야 이사를 할 수 있었다. 그런데 내 수중에는 단돈 100만 원도 없었다. 그래서 아내와 방법을 고민하다가, 돈을 벌어서 가면 어떨까 하는 생각을 했다. 그런데 뭐를 해서 1,000만 원을 벌어야 할지 막막했다. 기도만 하면 가라는 감동을 주시고, 현실은 도저히 갈 수 없는 상황이고 이러지도 저러지도 못하고 고민이 되었다.

그래서 목사님께 상의를 드렸더니, 시애틀에 사역지가 있냐고 물으셔서, 아무것도 없다고 했다. 목사님은 너무 무모하다면서 괜히 가서 고생하지 말고 내 밑에 있으라고 권하셨다. 그리고 지인들도 '정말 하나님의 음성을 제대로 들었냐?'면서 말렸다. 그러던 어느 날 새벽기도를 다녀오고 나서 집에서 쉬고 있는데 모르는 분에게서 전화가 왔다. "이희준 목사님이시지요? 저는 오○○ 집사입니다. 제가 오늘 너무 신기한 경험을 했습니다. 목사님 뒤에서 기도하고 있었는데, 기도를 마치고 일어나서 가려고 할 때 갑자기 성령이 강하게 임재하면서 자기 입에서 예언이 나왔습니다"라는 것이다. "이희준 목사에게 전해라. 내가 지시하는 곳으로 가라. 의심하지 말라. 내가 너와 함께하겠다" 오 집사님은 신앙생활 하면서 이런 경험은 처음이라면서 나에게 하나님의 메시지를 전해주었다.

하나님은 내가 결단을 내리지 못하니까 확실한 증거를 보여주신 것이다. 그래서 난 결단을 내리고 목사님께 시애틀로 가겠다고 말씀을 드리고, 주변 지인들에게도 그렇게 선포했다. 그리고 시애틀의 선배에게 아파트를 알아봐 달라고 해서 미리 계약했다. 당시에 난 홈스테이를 한 명 하고 있었는데, 그 아이에게 "목사님은 하나님이 비전을 주셔서 시애틀로 가려고 하는데 넌 어떻게 하고 싶니?" 하고 물었더니 자기는 그냥 텍사스에 있겠다고 했다. 그래서 한국에 있는 아이 어머님께 사정을 얘기하고 하숙할 곳을 알아봐 주겠다고 했다. 그런 후에 하나님께 믿음으로 결단했으니 이제 시애틀에 갈 수 있도록 길을 열어달라고 기도를 했다.

그런데 하나님께서 기적적인 방법으로 물질을 채워주시기 시작했다. 우선 홈스테이하는 아이 어머님이 한국에서 전화를 했다. "목사님, 기도하는데 하나님께서 아이를 시애틀로 보내라고 하네요…". 그러더니 이사비용 500만 원을 해주겠다고 했다. 그리고 자기가 출석하는 교회 목사님에게 기도를 부탁했는데 성령의 감동을 받고 그분이 200만 원을 지원해준다고 했다. 난 그 소식을 듣고 하나님의 일하심에 감사를 드렸다.

그 아이가 같이 따라가면 생활에 많은 보탬이 되기 때문이다.

미스 헤븐으로 활동하는 효진이 여동생에게도 하나님께 받은 비전을 얘기하고 기도를 부탁했다. 그런데 동생이 전화가 와서 기도하는데 "하나님이 오빠에게 1,000만 원을 보내주라"고 했다면서 송금하겠다는 기쁜 소식을 전해왔다. 그리고 목사님께서 떠나기 전에 성도들에게 고별 설교를 하라고 해서 하나님께 받은 비전과 은혜를 선포했다. 그랬더니 성도들이 감동을 받아서 설교를 마치고 나오는데 돈을 주시고, 어떤 분은 식사를 초대해주셨고, 따로 개인적으로 후원을 해주셨다. 그래서 베다니교회에서 후원금이 700만 원이 들어왔다. 베다니교회에 오래 다닌 것도 아닌데 이렇게 많은 헌금이 나온 것은 하나님의 역사였다. 그래서 순식간에 하나님께서 2,400만 원을 채워주셨다. 할렐루야!

난 이번 일을 겪으면서 '하나님은 환경의 변화가 없어도, 믿음으로 먼저 결단하고 한걸음 내디딜 때 역사하신다는 것'을 깨달았다. 우리는 하나님이 먼저 돈을 주셔야 내가 가겠다고 하는데, 하나님은 내가 먼저 결단하고 믿음으로 행동하면 나머지 환경을 움직여주신다. 이스라엘 백성이 요단강을 건널 때도 여호수아가 믿음으로 먼저 발을 내디뎠을 때 요단강이 갈라지는 기적이 일어났다. 가나의 혼인 잔칫집에서도 하인들이 예수님의 말씀에 순종하고 믿고 맹물을 사람들에게 가져다주었을 때 물이 포도주로 변하는 기적이 일어났다. 물 떠온 하인은 포도주가 어디에서 났는지 알았듯이, 난 '믿음으로 산다는 것'이 무엇인지 이번 기회를 통해서 확실히 알게 되었다.

"예수께서 그들에게 이르시되 항아리에 물을 채우라 하신즉 아귀까지 채우니. 이제는 떠서 연회장에게 갖다 주라 하시매 갖다 주었더니. 연회장은 물로 된 포도주를 맛보고도 어디서 났는지 알지 못하되 물 떠온 하인들은 알더라"(요 2:7-9).

길은 있다

강대석 목사

길은 있다
반드시 있다
선현들이 말하지 않았는가
하늘이 무너져도 솟아날 구멍이 있다고

바울을 보라 아시아로 가는 길 막히니
유럽으로 가는 길이 열렸다
하나님이 길을 내어 춤추게 하셨다

하늘, 땅, 바다가 막히고
동서남북 사방이 막혀도
하나님이 예비해놓은 길이 있다

그 길은 평탄하지 않고 좁은 길일지라도
영광의 길, 승리의 길이다

건강, 돈, 지식, 재능이 없어 인생길의 장애가 되어도
절망, 좌절, 낙심은 사탄의 것
소망, 환희, 영광은 나의 것

길이 끊기고 끝이 보이지 않아도
그래도 내가 곧 길이라고 하신 주님이 계시니
그 안에서 길을 찾는다
길은 있다
반드시 있다

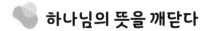# 하나님의 뜻을 깨닫다

미국은 땅이 정말 넓다. 난 텍사스에서 시애틀까지 가족들과 함께 밴을 운전해서 여행하면서 갔다. 그런데 가도 가도 끝이 없었다. 텍사스는 땅이 평평해서 마치 바다의 수평선처럼 일직선으로 도로가 나 있다. 그래서 차의 속도를 고정해놓고 발을 떼고 가도 된다. 그렇지 않고 발을 계속 사용하면 나중에 다리에 쥐가 난다. 땅이 워낙 넓어서 사람들이 살지 않는 곳도 많다. '우리나라도 저렇게 땅이 넓었다면 얼마나 좋을까!'라는 생각을 하며 미국이 너무 부러웠다. 가다 보면 소나 젖소를 키우는 목장이 보이는데 어마무시하게 컸다. 그리고 옥수수 농장이 보이는데 끝이 보이지 않을 정도로 넓었다. 그래서 헬리콥터로 농약을 친다. 우리는 그렇게 일주일을 달려서 시애틀에 도착했다.

아내가 환상 중에 보았던 것처럼 시애틀은 경치가 너무 아름다웠다. 레이니산 정상에는 만년설로 덮여있고, 삼면이 바다로 둘러싸여 있고, 여기저기 호수와 공원들이 정말 많았다. 아파트도 마치 숲속에 있는 것처럼 나무들에 둘러싸여 있다. 하늘에서 보면 마치 숲속에 집들이 있는 것처럼 보인다. 시애틀은 텍사스와는 환경적으로 정반대의 땅이었다. 난 이렇게 좋은 곳으로 인도해주신 하나님께 감사를 드렸다. 나와 아내는 성령이 충만했고, 이제 하나님이 가라고 한 곳에 왔으니 어떤 역사가 일어날지 정말 기대되었다.

시애틀에는 대학교 선배인 박상원 목사님이 살고 있었다. 그분은 그곳에서 북한선교 사역을 하고 있었다. 내가 그곳에 정착할 때 여러 가지로 도움을 주셨다. 그때가 2008년 9월 초였다. 나는 박 목사님의 안내로 시애틀을 여기저기 둘러보았다. 시애틀은 몇 가지로 유명한데, 우선 보잉사가 그곳에 있다. 그리고 마이크로소프트 본사도 있고, 코스트코가 그곳에서 처음으로 시작되었다. 또한, 스타벅스 커피점이 그곳에서 시작되었고, 1호점이 시애틀 다운타운에 있다.

시애틀에 정착하고 나서 본격적으로 난 사역지를 찾기 시작했다. 그런데 사역지가 연결될 것 같으면서도 잘 안되었다. 그렇게 시간이 흘러 12월이 되었는데도 난 사역지를 찾을 수 없었다. 그래서 이곳에서 '미국 교회를 빌려서 개척을 할까?' 하는 생각도 했었다. 이래저래 마음이 답답하고 힘들었는데, 그때 내가 데리고 있는 아이 어머님과 그 교회 목사님이 미국에 오셨다. 여자 목사님이셨는데 기도를 많이 하고 신령한 분이셨다. 그래서 그분께 기도해달라고 부탁드렸다. 기도하는데 '앞으로 하나님께서 나를 고난 가운데서 연단시키고 훈련시킬 것이며, 나중에 한국으로 돌아가게 될 것'이라고 했다. 기도 받으면서 무서운 생각이 들었다. 난 하나님이 시애틀로 가라고 해서 뭔가 큰 기대를 했는데, 고생을 한다고 하니 낙심도 되었다. 괜히 기도를 받았다는 생각도 들었다.

기도를 받은 후에 내 마음은 오히려 더 답답해졌다. 돈도 다 떨어져 가고 뭔가 사역을 해야 하는데 길은 열리지 않고… 그러던 12월 말경에 옥하버라는 섬에서 사는 어떤 분이 전화를 했다. 내가 시애틀의 어떤 교회에서 설교했는데 교인 중에 어떤 분이 은혜를 받고 옥하버에 사는 남동생에게 괜찮은 목사님이 있다고 알려준 것이다. 그분이 전화로 "목사님,

얼마 전에 담임목사님이 영주권을 받고 다른 곳으로 가셨는데, 설교 목사로 매주 와줄 수 있으신가요?"라고 물었다. 그래서 난 어차피 갈 곳도 없는데 가겠다고 대답했다.

난 2009년 1월 첫 주부터 옥하버에 있는 교회를 찾아갔다. 내가 사는 지역에서 그곳으로 가는 방법이 두 가지가 있다. 하나는 바다로 배를 타고 가는 길이 있고, 두 번째는 차를 타고 육지로 이동하는 것이다. 난 육지로 갔는데 2시간 정도 걸렸다. 가서 보니까 섬인데 디셉션 패스라는 다리로 육지와 연결된 곳이었다. 그곳은 해군기지가 있어서 군인들이 많이 살고 있었다. 도시가 작지만 경치도 아름답고 평화로운 곳이었다. 내가 간 교회 이름이 '옥하버영광교회'였는데 미국교회를 빌려서 예배를 드리고 있었다. 처음에 가니까 예배당에 7명이 앉아있었다. 그래서 설교를 했는데, 설교가 은혜스럽고 좋다면서 매주 와달라고 했다.

난 주 중에는 머킬티오(시애틀은 여러 개의 도시로 이루어져 있는데 그중에 한곳의 이름이다)에 살다가 주일에는 가족과 함께 때로는 배로, 때로는 육지로 옥하버를 왔다 갔다 했다. 그런데 내가 아는 목사님이 "옥하버는 섬이고 거기에 들어가면 시내 쪽으로 나오기 힘들다"면서 가지 말라고 했다. 나도 '설마 하나님이 날 옥하버로 가라고 하는 것은 아니겠지?' 라고 생각했었다. 그러던 어느 날 아침에 집에서 기도하는데 주님의 마음이 느껴졌다. 주님께서 옥하버에 동서남북에서 흩어져 있는 양 떼를 보고 마음 아파하시는 것을 느꼈다. "그들의 영혼이 말라 비틀어가고 병들어가고 사탄의 밥이 되어가는데 누구도 돌보려고 하지 않고, 가려고 하지 않구나. 네가 나 대신 그곳에 가서 그들을 돌보지 않으련?"이라고 주님이 내게 말씀하시는 것 같았다. 흩어져 있는 양 떼를 싸매고 돌볼 목자를 찾고 계시는 것이 느껴졌다. 양 떼들이 목자를 찾아 부르짖어 기도하는 음성이 내 귀에 들리는 것 같았다. 그래서 내가 "주여, 정말 그곳이 하나님이 가기를 원하시는 곳이라면 주님 순종하겠나이다"라고 기도를 드렸다. 그날이 2009년 2월 10일이었다. 그런데 그 다음 날 한국에 있는 효진이가 하나님께 받은 글을 하나 보냈다.

> 사랑하는 아들아, 내가 너를 지명하여 불렀고 내가 너를 그곳에 가라 명하였고, 그곳에서 너를 낮추었나니…. 네가 내 뜻에 순종하기까지 너를 낮추었나니… 내가 온전히 너를 쓰기 위함이니라…. 너희는 교회의 규모와 성도 수로 목회의 성공을 논하지만, 나의 관점은 너희와 같지 아니하니 나의 판단은 너희의 판단과 같지 아니하니라. 한 영혼이 있는 곳에 내가 있고 내가 맡겨준 양들과 교회와 그 양들을 인도할 달란트를 모든 내 종들에게 주었으니 얼마나 충성 되게 그 양들을 돌보고 내 품으로 인도하느냐에 따라 그 상금이 달라지니, 세상의 눈으로 판단치말라….
>
> 2009년 2월 11일

이 글을 읽으면서 나는 회개의 눈물을 흘렸고, 주님의 뜻을 깨닫게 되었다. 나는 세상의 큰 교회와 성공을 바랐는데 주님이 원하시는 것은 그런 것이 아니었다. 난 결단을 내리고 옥하버 교인들에게 '그곳에 가서 목회를 하고 싶다'고 얘기를 했는데, 그분들도 오라고 해서 온 가족이 이사하게 되었다. 사실 내가 신혼여행을 제주도로 갔는데, 그때 경치가 너무 좋아서 '섬에서 살고 싶다'는 얘기를 했는데…. 하나님께서 그때 내 소원을 들어주신 것이 아닌가 하는 생각이 들었다. 지금도 아내와 아이들에게 "미국에 살 때 언제가 제일 좋았냐"고 물어보면 "옥하버에 살 때가 가장 좋았다"고 대답을 한다.

나는 왜 하나님께서 신학교 졸업할 때 바로 시애틀로 보내시지 달라스베다니교회에서 3개월간 머물게 했다가 시애틀로 보냈는지 이해가 되지 않았다. 그런데 옥하버에서 목회생활을 하면서 하나님의 뜻을 깨닫게 되었다. 베다니교회 목사님과 교인들은 나를 위해서 기도해주셨고, 내가 옥하버에서 사역을 하는 동안 힘들 때마다 계속 물질적으로 후원을 해주셨다. 한마디로 하나님은 베다니교회를 나의 후원교회로 붙여주신 것이었다. 그래서 난 당장은 이해가 안 가는 일도 시간이 지나서 나중에 보면 하나님의 섭리가 있다는 것을 알게 되었다. 믿음으로 가는 길은 알고 가는 것이 아니다. 믿고 가다 보면 알게 된다. 그것이 하나님의 길이다.

"깊도다 하나님의 지혜와 지식의 풍성함이여, 그의 판단은 헤아리지 못할 것이며 그의 길은 찾지 못할 것이로다"(롬 11:33).

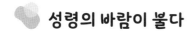# 성령의 바람이 불다

나는 38살에 처음으로 담임목회를 옥하버에서 시작하게 되었다. 옥하버에는 한국 사람들이 50명도 안 되었다. 주로 군인 가족들과 비즈니스를 하는 사람들이었다. 남편은 미국 사람, 부인은 한국 사람인 가정들이 많았다. 그런데 한국교회가 2개 있었다. 원래는 장로교회 하나였는데 나중에 다툼이 일어나서 침례교회로 갈라져 나온 것이었다. 그래서 두 교회가 교인들이 얼마 없었고 목회자 사례비도 제대로 못 줄 형편이었다. 그리고 두 교회가 서로 사이가 좋지 않아서 서로 왕래를 하지 않고 있었다. 그러다 보니 안 믿는 사람들도 교회에 대한 인식이 좋지 않아서 전도도 잘 안 되었다. 그리고 교회를 다니다가 상처받고 쉬는 사람들도 있었다.

난 일단 '한 영혼을 구원하고 회복하는 일'에 초점을 두고 최선을 다했다. 성경공부를 원하는 3명과 함께 매주 소그룹 모임을 가졌다. 말씀과 삶을 나누고 기도하는 시간을 가졌다. 성령의 역사가 강하게 일어나서 사람들이 자신의 죄를 고백하는 일이 일어났다. 한 자매는 교회는 다니고 있었는데 영적 체험이 전혀 없고, '하나님이 살아계셔서 우리 삶 가운데 역사하는 분'이라는 것을 모르고 있었다. 그런데 모임을 하면서 은혜를 받고 하나님께서 여러 가지 확실한 증거를 보여주셔서 믿음의 확신을 갖게 되었다. 그 자매는 매주 모임에 올 때마다 흥분해서 "목사님 이번 주에는 하나님이 이렇게 역사했어요…" 하고 간증을 하곤 했다.

이 자매는 원래 헌금을 안 했는데 은혜받고 헌금을 하기 시작했다. 그런데 갑자기 한국의 금융기관에서 자기도 모르는 돈을 찾아가라고 연락을 받았다고 신기해했다. 또 자매는 한국에 계시는 할머니, 할아버지를 너무 보고 싶다고 했다. 그래서 그분들을 만나고 싶다고 기도를 했다. 그런데 어느 날, 집에서 텔레비전을 키고 채널을 돌리는데 한국 프로그램 중 「6시 내고향」이 방송되고 있었다. 거기에 할아버지, 할머니가 출연하는 것을 봤다고 한다. 그걸 보는 순간 온몸에 전율이 일면서, '어떻게 이런 일이 있을 수 있지?'라며 하나님이 정말 살아계셔서 자신의 기도를 들으신다는 것을 확신하게 되었다고 했다.

또 한 자매도 저에게 '목사님, 하나님이 정말 살아계세요?'라고 질문을 했었는데, 시간이 지나면서 성령의 강한 임재를 체험하고, 감격해서 성경공부 할 때마다 눈물을 흘렸다. 내성적이고 우울했는데 은혜를 받고 기쁨이 넘치게 되었고, 걱정과 근심이 많았는데 그것들이 사라지는 체험을 했다. 남편이 미군이었는데 아내가 변화되는 모습을 보고, 20년 동안 교회를 다니지 않던 분이 교회를 다니기 시작하기도 했다.

다른 한 분은 예전에 교회봉사도 많이 하고, 신앙도 뜨거웠는데 남편과 사별하고 여러 가지 사정으로 신앙생활을 게을리하다가 신앙이 식어서 주일만 겨우 지키는 분이 되었다. 그런데 소그룹 모임을 통해서 첫사랑을 회복하고, 뜨거운 회개의 눈물을 흘렸다. 그리고 자신이 하나님과 얼마나 멀리 떨어져 살았는지 깨닫고, 하나님과 더욱 가까워지게 되었다. 그분이 이런 고백을 했다. "자기는 7년 동안 기쁨 없는 삶을 살았고, 지옥에서 살았다…. 하나님을 떠나는 것이 지옥이고, 하나님과 동행하는 삶이 천국이라는 것"을 확실히 알게 되었다면서 다시는 주님을 떠나서 살고 싶지 않다고 했다.

몇몇 분들이 은혜를 받으니 교회 분위기가 바뀌게 되었다. 주일예배 때는 최선을 다해서 설교를 준비하고 말씀을 전했다. 그래서 사람들이 은혜를 받아서 변화하는 일이 일어나기 시작했으며 교인들도 조금씩 늘게 되었다. 교회 안에 미국 남편과 결혼한 분이 몇 명 있었는데, 남편들도 함께 예배를 드리면 좋겠다는 생각을 했다. 그래서 내 설교를 통역할 사람을 보내달라고 기도했다.

그러던 어느 날 옥하버에서 교회 교인이 운영하는 식당에 한국 청년이 밥을 먹으러 왔길래, 그 교인이 청년에게 우리 교회에 나오라고 했다. 그 청년은 한국말도 제법 했는데, 자기는 미국교회에 다닐 거라고 했다. 그래도 한 번만 와보라고 해서 그 청년이 주일날 예배에 참석했다. 그런데 예배 후에 그 청년이 나에게 오더니, "목사님, 설교에 은혜받았어요… 하나님이 나에게 목사님을 도우라고 하셔서 앞으로 출석하겠다"라고 하는 것이다. 그래서 그 청년이 영어설교 준비하는 것도 도와주고, 통역도 하고, 물심양면으로 많이 도와주었다. 하나님은 기도할 때 필요한 일꾼도 보내주신다.

"이르시되 추수할 것은 많되 일꾼이 적으니 그러므로 추수하는 주인에게 청하여 추수할 일꾼들을 보내 주소서 하라"(눅 10:2).

하지만 나에게 고민이 있었다. 옥하버교회에 핵심 멤버가 있는데 그분이 교회 재정을 맡고 있었다. 한번은 그분에게, "성도들이 헌금 생활을 어떻게 하는지 알고 싶으니, 교회 장부를 좀 보여달라고" 했다. 그랬더니 이분이 갑자기 정색하면서 "목사님이 그걸 왜 보려고 하느냐? 그걸 보면 성도들을 판단하게 되고 우리도 부담스럽다. 그러니 안 된다"라고 하는 것이다. 한국교회에서 목회생활을 했던 나에게는 이해가 안 되는 일이었다. 목회자가 성도들의 헌금생활을 감독하고 지도하는 것은 목사의 직무라고 배웠기 때문이다.

그분은 스모킹샵을 운영하고 있었다. 잡화점이라고 생각하면 된다. 주로 담배를 팔고 그 외에도 별의별 것을 다 판다. 그 가게에 우리 교회에 나오는 미국 교인이 일하고 있었다. 어느 날 심방을 했더니, 나에게 "목사님, 이곳에서 일하는 것이 너무 괴로워요", "왜 그러세요?", "주인이 마약을 하는 파이프를 불법으로 팔아요!". 그게 이윤이 많이 남는다는 것이다. 또 한 가지는 포르노 디브이디를 팔고 있었다. 그래서 미국 교인에게 주인에게 얘기해봤냐고 했더니, 자기가 얘기했더니 "신앙하고 비즈니스하고 무슨 관계냐? 비즈니스는 비즈니스다"라고 얘기했다는 것이다. 그리고 하는 말이 주일날 문을 닫는데, 사람들이 "왜 이 가게는 일요일에 문을 닫느냐?"고 물어서, 주인이 교회에 가야 해서 그렇다고 대답을 했더니, 사람들이 비웃었다고 했다.

'이 집사 부부를 어떻게 해야 할까?' 고민이 되었다. 목회자의 말을 듣지도 않는 사람들인데, 그냥 두고 볼 수도 없고, 잘못 건들면 교회가 뿌리째 흔들릴 수도 있는 일이었다. 왜냐하면, 그 집사 부부가 자주 사람들을 불러서 맛있는 것도 해먹이고, 선물도 주고 해서 교인들과 결속이 되어있었다. 그래서 난 말씀으로 승부를 보기로 했다. 요한계시록 7 교회를 시리즈로 묶어서 '건강한 교회'라는 제목으로 설교를 했다. 말씀 가운데 회개하고 변화되기를 기대했다. 그런데 설교를 듣더니 자기 들으라고 말하냐면서 오히려 튕겨 나갔다. 그래서 몇 번 부딪히더니 결국 교회를 떠나게 되었다.

교회는 성령이 강하게 역사하면 사탄의 공격도 심해진다. 은혜받은 사람을 어떻게 해서든지 시험에 들게 해서 넘어지게 만든다. 옥하버교회도 그런 일이 일어났다. 사탄은 여러 가지 방법으로 계속 공격을 했다. 나와 아내는 하나님의 전신갑주로 무장하고 교회를 지키기 위해서 노력을 했다. 어떨 때는 승리하기도 하고, 어떨 때는 쓰러지기도 하였다. 난 옥하버에서 '목회는 영적전쟁'이라는 것을 뼈저리게 느꼈다. 목회자는 최전방에서 싸우는 대장이다. 대장이 쓰러지면 교회가 무너지는 것이다. 그러므로 목회자는 영적으로 강건해야 하고 담대해야 한다. 그리고 중보기도자를 세워야 한다. 무엇보다 기도의 후원이 절실히 필요하다. 난 옥하버에서의 목회를 통해서 목회자와 선교사를 위해서 중보기도 해야 하는 이유를 더욱더 절실히 깨닫게 되었다.

다음은 옥하버에서 한참 영적전쟁을 할 때 내 여동생이 나에게 보내준 편지다. 난 목회현장에서 힘들고 지칠 때 동생이 보내준 글을 읽고 힘과 용기를 얻었다. 동생은 나의 신실한 동역자고 후원자다.

두려워 말며 놀라지 말라. 나는 너의 하나님이니라….

낙심치 말며 염려하지 말라… 염려함으로 염려의 종이 되고 그 마음을 빼앗기나
니… 염려를 기뻐하지 아니하노라….

내가 지명하여 불렀나니 너는 내 것이며….

내가 눈동자처럼 지켜 보호하나니 염려하지 말라.

사람이 네게 어찌하랴….

사람을 기쁘게 하랴 하나님을 기쁘시게 하랴….

이 땅의 싸움은 악한 영들과의 싸움이니

사람을 미워하지 말고 그 안에서 역사하는 악한 영들에 대해 분노하고

대적하라…. 우는 사자처럼 삼킬 자를 찾나니…

네게 맡겨진 영혼들은 불쌍한 자들이라….

그들 안에 상처와 쓴 뿌리가 악한 영들에게 종노릇하게 하나니

너는 그것들과 싸워 이기고 그들을 그리스도 안에서 자유롭게 하라….

주의 영이 임하였으니… 가난한 자에게 복음을 … 눈먼 자에게 보게 함을

눌린 자를 자유롭게 하나니… 이는 내가 너를 부른 소명이지 않니?

작은 일에 충성하면 내가 네게 더 큰일을 맡기리라….

두려워 말며 놀라지 말라.

너의 놀람과 너의 상함을 내가 잘 안단다….

네가 아파하고 애통해 하는 것보다 내가 더 아파하나니

너와 나는 이미 한 영이지 않느냐?

네 안에 내가 있고 내 안에 네가 있는데….

어찌 내가 구경만 하겠느냐….

내 손이 짧아졌느냐? 그렇지 않단다….

모든 일에는 때와 기한이 있으니… 내가 모든 일을 이룰 것이라….

나의 착하고 충성된 아들아….

나는 포도나무요 너는 가지니… 나의 뿌리 가까이로 더 나아 오거라.

나의 생수로 너를 더 많이 열매 맺게 할 것이고…

너를 통해 많은 영혼들을 살릴 것이다.

내가 네게 보내준 보혜사 성령을 날마다 의지하고 그에게 구하거라….

그와 날마다 대화하고 뜻을 구하거라….

내가 하늘에 가면 나보다 더 큰일을 하리라고 하지 않았느냐.

너는 내가 이 땅에서 한 일보다 더 큰일을 하게 될 것이고…

그때와 기한은 내가 정한 대로 너를 인도하여 낼 것이니라.

나는 일을 지어 성취하는 하나님이고 사람이 마음으로 계획할지라도

그 길을 인도하는 것은 하나님이니… 내가 네게 생명의 길을 보이고

너는 그 길을 인도하리라….

그 길은 많은 사람들이 가는 길이 아니고 내가 택한 나의 종들이 가는 길이나….

그 길은 좁은 길이고 험난한 길이나…

그 길 끝에 시온의 대로가 열리리니…

그때에야 고난의 끝이 오리라….

현재의 고난이 장차 올 영광과 비교할 수조차 없나니…

내가 반드시 너를 축복하고

내가 반드시 너를 높이고

내가 반드시 너를 들어 쓰리라.

볼지어다 세상 끝날까지 내가 너와 함께 하리니

너는 더욱더 강하고 담대하라.

너는 두려워 말며 놀라지 말라.

더욱더 나를 의지하고 내 안에 거하라.

더욱더 네 마음을 지키고 또 지킬지니….

모든 생명의 근원이 이에서 남이니라.

사랑한다… 내 아들….

내가 감당할 시험밖에는 허락지 아니하나니

조금만 더 참고 조금만 더 인내하거라.

인내는 소망을 소망은 연단을 이루어내나니

네가 정금같이 될 것이고… 불과 물을 지날지라도

해함을 입지 아니하리라….

사랑하는… 내 아들…. 네 가족들을 바라보는 내 마음이 눈물로 가득하단다….

너의 마음속에 가득한 의문들. 내가 다 이해한다.

나는 언제나 너의 편이란다.

내가 기름 부은 나의 종을 해하는 자를 내가 용서치 아니할 것이고

너를 저주하는 자를 내가 반드시 저주하리라….

사랑한다… 내 아들아….

나의 사랑하는 딸을 통해 대언케 했으니….

너는 나의 말을 듣고… 낙심치 말고 실망치 말거라….

나는 너의 하나님… 에벤에셀의 하나님이니라….

사랑한다… 사랑한다….

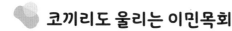 **코끼리도 울리는 이민목회**

　나는 옥하버에서 목회를 하면서 한계를 많이 느꼈다. 그리고 나 자신이 얼마나 부족하고 연약한지도 알게 되었다. 한국에서 부교역자로 있을 때와 미국에서 담임목회를 하는 것은 차이가 크게 났다. 한국에서는 교인들에게 사랑과 인정과 섬김을 많이 받았다. 하지만 이민목회를 할 때는 한국적 마인드로 하면 실패한다. 목회 토양 자체가 다르다. 이민자들은 외국에서 문화적, 언어적, 인종적 한계를 극복하면서 많은 스트레스를 받고 힘들게 살아간다. 또한, 내면에 상처들이 많다. 하지만 그런 것들을 풀어낼 만한 것이 마땅히 없다. 그래서 교회의 목회자와 사모에게 풀 때가 많다. 그렇기 때문에 이민목회가 힘든 것이다.

　이민교회에서 목회할 때 이런 농담을 들은 적이 있다. '아프리카 코끼리는 결코 울지 않는다'라고 한다. 어느 날 임금님이 선물 받은 아프리카 코끼리를 울리는 사람은 큰 상을 내리겠다고 전국에 방을 붙였다. 많은 사람들이 응모했지만 아프리카 코끼리를 울리지 못했다. 그러자 어느 날 이민교회 목사님이 나서서 아프리카 코끼리를 울리고 큰 상을 받았다고 한다. 궁금해하는 사람들에게 이민교회 목사는 대답했다. 코끼리 귀에다 "너 안 울면 이민교회에서 목회시킨다"라고 했더니 그렇게 슬피 울더라는 것이다. 아마 이민교회 목회자들은 이 말을 이해할 것이다. 순복음교회 이영훈 목사님도 이민교회 목회할 때 남몰래 흘린 눈물이 강을 이룰 것이라고 말을 했다.

이민목회는 성도들에게 사랑을 주고, 낮은 자세로 섬겨야 한다. 나는 교인들이 교회에 빠지고 신앙생활을 제대로 안 하면, 그들에게 같이 식사하자고 초대를 한다. 나와 아내가 마트에 가서 장을 봐서 음식을 장만하고, 집 안 청소를 깨끗하게 한다. 그리고 그들에게 음식을 대접하면서 친분을 쌓고 상담도 해주고 다시 교회에 잘 나오도록 권면을 한다. 교회에서도 목회자와 사모가 솔선수범해서 모든 것을 해야 한다. 앉아서 지시하거나 시키기만 해서는 안 된다. 언젠가 시애틀에서 큰 한인교회를 방문했는데 그때 목회자들을 초대해서 모임을 했다. 그런데 끝나고 나서 담임목사님이 성도들과 뒷정리를 하는 것을 보았다. 그때 그 모습을 보면서 저게 이민목회라는 생각을 했었다.

난 이민목회를 하면서 한국에서 내가 너무 대접만 받고 섬김만 받은 것을 회개했다. 그게 나쁜 것은 아니지만 몸에 배어서 당연하게 여겼다는 것이다. 그리고 담임목회가 얼마나 힘든지도 알게 되었다. '부교역자 때가 편했구나…' 담임목사님이 모든 것을 커버해주고, 책임을 지는 자리가 아니니까 마음은 편하다. 그리고 성도들이 칭찬해주니까 내가 엄청나게 잘난 줄로 착각했었다. 그래서 담임목회를 하면서 내 주제를 알고 더욱더 겸손을 배우게 되었다. 그리고 작은교회를 섬기는 목사님들의 고충을 이해하게 되었다. 그리고 한때 그들을 무시했던 것을 회개했다.

작은 교회를 섬기면서 난 하나님께서 주의 종의 모든 쓸 것을 채우심을 많이 체험했다. 교회 사례비가 충분하지 않았지만, 하나님은 다른 방법으로 채우셨다. 옥하버에서 목회를 하던 초창기에 이런저런 일로 돈을 쓸 일이 많았다. 그래서 하나님께 채워달라고 계속 기도를 했는데, 어느 날 한국에서 아는 권사님으로부터 전화를 받았다. 6년 만에 처음으로 통화하는 것이었다. 너무 반가웠다.

권사님이, "목사님 요즘 많이 힘드시지요?" 그래서 "그렇지요, 뭐…" 하고 얼버무렸다. 그랬더니 "어떤 분이 목사님께 돈을 보내고 싶다고 해서 전달해주려고 전화를 했다"는 것이다. "왜 갑자기 돈을 준대요? 그분이 누구세요?" 권사님이 "누군지는 가르쳐줄 수 없고, 기도하는데 자꾸 하나님이 이 목사를 도와주라는 감동"을 주셨다고 했다. "그분이 1,000만 원을 이 목사님께 보내달라고 했다"는 것이다. 그때 난 깜짝 놀랐다. 그리고 하나님께서 나의 모든 형편 사정을 아시고, 채워 주심에 감사드렸다. 난 그 일로 용기를 얻고 더욱 목회에 매진할 수 있었다. 옥하버 성도들에게 간증했더니, 그분들이 놀라서, "생전 이런 일은 처음 들어본다면서… 하나님이 정말 살아계시다"고 한목소리로 말을 했다. 그분들이 처음엔 절 조금 의심했는데, 이 목사가 하나님이 보낸 사람이 맞다는 것을 깨닫는 계기가 되었다. 할렐루야!!

> *"그러므로 염려하여 이르기를 무엇을 먹을까 무엇을 마실까 무엇을 입을까*
> *하지 말라 이는 다 이방인들이 구하는 것이라. 너희 하늘 아버지께서 이 모든*
> *것이 너희에게 있어야 할 줄을 아시느니라. 그런즉 너희는 먼저 그의 나라와*
> *그의 의를 구하라 그리하면 이 모든 것을 너희에게 더하시리라"(마 6:31-33).*

난 옥하버에서 "하나님께 왜 나를 이곳에 보냈는지?" 비전을 보여달라고 기도를 많이 했다. 내가 생각할 때 비전은 장로교회와 침례교회가 하나가 되어서, 옥하버 지역을 복음화하는 것이었다. 그것이 맞는지 확인하고 싶었다. 난 장로교회에 있는 장로님께 넌지시, "두 교회가 하나가 되면 어떻겠냐?"고 물었다. 그때 그분이 "그건 불가능한 일"이라고 했다. 이제까지 그런 노력이 있었지만 이루어지지 않았다고 했다. 옥하버에 간 지 1년 반이 되던 시점에, 하나님께서 말씀을 주셨다.

"인자야 너는 막대기 하나를 가져다가 그 위에 유다와 그 짝 이스라엘 자손이라 쓰고 또 다른 막대기 하나를 가지고 그 위에 에브라임의 막대기 곧 요셉과 그 짝 이스라엘 온 족속이라 쓰고 그 막대기들을 서로 합하여 하나가 되게 하라 네 손에서 둘이 하나가 되리라"(겔 37:16-17).

나중에 안 사실인데, 옥하버에 오래된 몇몇 교인들이 '두 교회가 하나가 되게 해달라고 10년 넘게 기도해왔다'는 것이다. 내가 온 것은 그분들의 기도 응답이라는 것을 깨달았다. '한 영혼을 구원하고, 회복하고, 섬기는 것이 나의 사명이고, 두 교회가 하나 되게 하는 것이 하나님의 뜻'이라는 것을 깨달았다. 난 '두 교회가 어떻게 하면 하나 될 수 있을까?'를 놓고 기도하며 방법을 찾았다.

장로교 목사님과 만나서 대화를 나누어보았는데, 다른 곳에서 목회하다가 조기 은퇴하고 오신 분이셨다. 그분도 두 교회가 하나 되는 것에는 동의하지만 방법이 없다고 했다. 그러던 어느 날 하나님께서 기도 중에 지혜를 주셨다. "네가 모든 것을 내려놓아라… 두 교회를 하나 되게 하고 네가 떠나라"는 것이었다. 그러면 "저는 어떻게 합니까?" 하나님께서 내 길을 인도하신다고 했다. 난 또 아무것도 눈에 보이지 않지만 성령의 인도를 믿고 믿음으로 한걸음 내디뎌야 한다는 것을 깨달았다. 아내와 도 대화를 나누었는데 내 의견에 동의하였다.

난 일단 교인들을 하나씩 만나서 내가 받은 비전을 이야기했다. 그랬 더니 모두 좋다고 했다. 그런데 교인들이 내가 떠나는 것은 싫다고 했다. 차라리 "장로교 목사님과 공동으로 목회하는 것이 어떻냐?"고 제안했 다. 작은 교회에 목회자가 둘이 있다는 것은 안될 말이었다. 또 어떤 분 은 나에게 "목사님, 혹시 사역지 구했냐?"고 물었다. 나는 아니라고 이제 부터 찾아봐야 한다고 했다. 목사에 대한 불신이 있어서, 내가 사역지를 구해놓고 빠져나갈 구실을 만드는 줄로 생각한 것이었다.

사실 내가 이 교회에서 떠날 것을 이미 하나님은 우리 교회 성도에게 가르쳐주었다. 한 자매가 내가 옥하버에 온 해 11월에 추수감사절이 끝 나고 물었다. '목사님, 이사 가세요?' 제가 '아니요' 했더니, 자기가 꿈을 꾸었는데 너무 생생했다는 것이다. 첫 번째는 꿈에서 내가 이사 간다고 했다는 것이다. 둘째는 내가 옥하버보다 더 큰 교회에서 설교하는 것을 봤다는 것이다. 그래서 난 마음속으로 하나님의 또 다른 계획이 있을 것 을 짐작하고 있었다.

장로교 목사님을 만나서 제 뜻을 전했더니, 이분이 감동받아서 "쉽지 않은 결단인데 정말 훌륭하다"면서 칭찬을 했다. 하나님이 분명 "이 목 사님의 앞길을 축복해주실 것"이라고 했다. 장로 교인들도 그 소식을 듣 고 모두 좋아했다. 오랫동안 하나 됨을 위해서 기도했는데 하나님의 응 답이라고 했다. 어떤 분은 "이제까지 목사님처럼 자기 것을 포기하고 내

려놓는 분은 처음이라면서 나에게 정말 고맙다고, 목사님의 사역지를
위해서 기도하겠다"라고 했다.

    옥하버영광교회에는 건축을 위해서 4만 불을 모아놓은 헌금이 있었
다. 나와 교인들은 모여서 "이 돈을 어떻게 쓸까?" 회의를 했다. 그동안
하나님이 기뻐하는 구제와 선교를 한 번도 못했는데 그런 일에 쓰자. 그
리고 나머지는 건축헌금으로 장로교에 넘기자고 했다. 그래서 옥하버영
광교회 역사상 최초로 선교단체에 3천 불의 선교헌금을 하고, 지역사회
에서 어려운 가정에 천 불을 지원했다. 그 외에 몇몇 단체에도 헌금했다.
우리는 하나님 기뻐하시는 곳에 헌금을 사용할 수 있어서 정말 감사했
다. 할렐루야!!

오직 믿음으로 살리라!

성경은 '오직 의인은 믿음으로 살리라'고 했다. 그리고 믿음의 선진들은 어떻게 믿음으로 사는 것인지를 보여주었다. 아브라함은 약속의 말씀을 붙들고 삶의 터전을 버리고 아무도 가보지 않은 미지의 땅으로 나아갔다. 이스라엘 백성은 가나안 땅에 입성할 때 난공불락의 견고한 여리고 성을 하나님의 말씀을 믿고 일곱 바퀴 돌고 나서 함성을 지르자 무너지는 기적을 체험했다. 베드로도 예수님의 말씀을 듣고 믿음으로 두려움을 극복하고 믿음으로 바다 위를 걸었다. 하나님은 우리가 믿음으로 먼저 행동할 때, 기적을 보여주신다. 하지만 인간은 언제나 안전한 선택을 원한다. 먼저 기적을 보이면 내가 행동하겠다고 한다. 그런 사람은 절대로 하나님의 역사를 보지 못한다.

나도 연약한 인간이기 때문에 유혹을 받았다. '먼저 사역지를 구하고 두 교회를 통합하면 좋지 않을까?' 하는 생각을 했다. 하지만 그렇게 하면 성도들은 나를 욕할 것이다. 그리고 나를 따르지 않을 것이다. 내가 먼저 내려놓고, 희생하는 모습을 보일 때 그들은 감동을 받고 나를 따라주었다. 그들은 내가 시키지도 않았는데 시애틀에 있는 아는 목사님들에게 연락해서 내 얘기를 하면서 사역지를 알아보고 다녔다. 그리고 나의 앞길을 위해 진심으로 기도하고 축복해주었다. 그리고 나와 가족을 섬겨주고 아껴주었다. 하나님의 사람으로 인정해주었다.

내가 옥하버에 갈 때 받았던 오해가, '저 목사가 영주권 받으러 이곳에 온다'는 것이었다. 영주권은 미국에 합법적으로 계속 있을 수 있는 신분을 보장해준다. 예전에는 목회자들뿐 아니라 교회의 반주자까지도 쉽게 받았다. 하지만 교회에서 자격이 안 되는 사람들이 편법으로 영주권을 신청하는 일이 빈번해지자, 이민국에서 제재를 가해서 영주권을 받기가 힘들어졌다. 자업자득인 것이다. 옥하버에 이전에 목회자들이 와서 영주권만 받고 떠난 전례가 있어서 성도들은 그런 오해를 한 것이다. '난 아니다', '하나님이 가라고 해서 왔다'라고 아무리 얘기해도 의심을 완전히 지우지 않았다. 그런데 내가 영주권 받기를 포기하고 내려놓고 떠난다고 하니 사람들이 놀란 것이다. 그리고 이 목사가 영주권 때문에 온 게 아니라는 것을 믿게 되었다.

모든 것을 내려놓으니 마음이 편해졌다. 옥하버장로교회와 침례교회 사람들과도 사이가 더 좋아졌다. 그래서 난 그해 여름에 바다게를 잡으러 다녔다. 던지니스크랩이라고 하는데 크고 아주 맛있다. 크랩을 잡는 철로 된 망이 있는데 그것을 사서 배를 타고 바다로 나갔다. 망 안에 생닭다리를 넣고 바다 깊이 던져 놓는다. 그리고 다음 날 가서 크랩망을 끌어 올리면 어떨 때는 열 마리 정도의 크랩이 걸린다. 그럴 때는 얼마나 신이 나고 재미있는지 모른다. 그것을 잡아다가 바로 솥에 쪄서 먹으면 정말 맛있다. 박상원 목사님에게 그 게를 쪄서 주었더니 감탄을 하면서 너무 맛있다고 좋아했다. 옥하버장로교회의 여자 장로님은 배가 있는데 남편이 게를 잡으면 나에게 연락해서 잔뜩 챙겨주시곤 했다.

옥하버는 '디셉션 패스'라는 유명한 관광지가 있다. 옥하버 섬과 시애틀 육지를 연결해놓은 다리인데 정말 멋있다. 다리 위에서 내려다보면 바다와 섬의 모습이 환상적으로 아름답다. 그 밑으로 내려가서 배를 타고 투어하면 섬에 감춰진 비경들을 볼 수도 있고, 곳곳에 감춰진 동식물을 만날 수 있다. 또한, 바닷가에서 조개를 비롯한 홍합과 굴도 캐서 먹을 수 있다. 어떤 미국 사람은 바닷속에 잠수해서 들어가서 멍게, 해삼, 성게를 잡아서 가져다주었는데 너무 크고 징그러워서 먹을 수 없었다. 그리고 섬 곳곳에 갈만한 곳이 많다. 우리 가족은 옥하버의 아름다운 자연을 지금도 잊을 수 없다.

나는 다음 사역지를 위해서 아내와 합심해서 기도했다. 한국과 미국 양쪽 모두 알아보았다. 난 기도할 때 '구하고 찾고 두드리는' 법칙을 사용한다. 하나님께 기도하면서 길이 열릴 때까지 계속해서 찾고 문을 두드리는 것이다. 이제까지 하나님은 그렇게 했을 때 반드시 길을 열어주셨다. 일단 한국의 담임 자리를 알아봤는데 거의 모든 교회에서 건강진단서를 요구했다. 난 몸에 병이 있기 때문에 자격이 안 된다. 그래서 한국은 포기했다.

미국에도 사역지를 알아봤는데 대부분 영어능통자, 영주권자나 시민권자를 찾았다. 나는 당시 종교 비자를 가지고 있어서 이것도 자격이 안 된다. 종교 비자는 2년짜리인데 한 번 더 연장할 수 있다. 그래서 교회에서 종교 비자를 가진 사람을 잘 안 뽑아준다. 왜냐하면, 신분 문제가 해결이 안 되었기 때문이다. 만일 그런 사람을 뽑으면 교회에서 영주권을 신청해줘야 하고 돈을 지원해주어야 한다. 게다가 혹시라도 결격 사유가 있어서 탈락하면 한국으로 돌아가야 한다. 인간적으로 생각하면 미국에서 사역지를 구하는 것은 거의 불가능하다고 보면 된다. 솔직히 현실은 암담하다. 그런데도 하나님은 믿음으로 계속 앞으로 나아가길 원했다. 하지만 현실은 안개가 앞을 가린 것처럼 미래가 안 보였다.

아내와 난 '죽으면 죽으리라'는 각오로 기도에 전념했다. 현실의 벽을 넘는 길은 오직 기도밖에 없었다. 그런데 어느 날 아내가 아무래도 임신한 것 같다고 얘기를 해서 검사를 했는데 진짜 임신을 한 것이었다. 순간 앞이 캄캄해졌다. 지금 같이 모든 것이 불확실한 상황에서 임신까지 하니 너무 당황스러웠다. 사람들이 만일 임신 사실을 알면 대책 없는 사람들이라고 욕할까 봐 얘기도 하지 못했다. 고민하며 기도 끝에 아내와 나는 긍정적으로 생각하기로 했다. 아이까지 주셨는데 하나님께서 미래를 열어주실 것이라고 믿었다.

그러던 어느 날 아는 목사님이 전화가 와서 훼더럴웨이(시애틀에 있는 도시의 이름)에 있는 벧엘침례교회에서 목회자를 구한다고 한번 지원해보라고 했다. 교회 건물도 있고, 교인 수도 70명 정도 된다고 했다. 그래서 자격 조건을 살펴보니, 역시나 영주권이나 시민권자 그리고 침례교 목사라야 했다. 난 장로교 목사이고, 영주권이 없어서 자격이 안 되었다. 그런데 그 목사님이 그래도 내보라고, 어떻게 될지 아무도 모르는 것 아니냐고 했다. 그래서 일단 지원서를 준비해서 보냈다. 그 교회는 운영위원이 9명이나 되는데 그들이 심사한다고 했다. 나중에 연락이 왔는데 최종 2명에 들어서 설교를 하러 오라고 했다.

그래서 설교를 하고, 예배 후에 전체 성도들이 모인 자리에서 단체 면접을 약 1시간가량 했던 것 같다. 나와 아내를 앉혀놓고 궁금한 사람들이 질문하고 우리들이 대답을 하는 형식이었다. 시간이 어떻게 지나갔는지 정신이 없었다. 얘기를 들어보니 담임목회자 청빙 절차는 우선 운영위원들이 한 분을 결정하고 그분을 두고 교회 투표를 해서 2/3가 넘으면 통과된다고 했다.

그런데 교회 사정을 알아보니 운영위원들이 둘로 나누어져서 서로 사이가 안 좋았다. 나중에 연락이 왔는데 9명 만장일치로 나를 뽑기로 했다는 것이다. 장로교 목사이지만 미국에서 침례교 신학교를 졸업했고, 옥하버침례교회에서 목회한 것이 인정되어서 문제가 없다고 했다. 그리고 영주권도 교회에서 도와주기로 했다. 정말 인간적으로 도저히 불가능한 일이 하나님의 능력으로 가능하게 되었다. 할렐루야!!

"만군의 여호와께서 말씀하시되 이는 힘으로 되지 아니하며 능력으로 되지 아니하고 오직 나의 영으로 되느니라"(슥 4:6).

이제 교인 전체 투표에서 통과만 되면 난 벧엘침례교회 담임목사가 되는 것이다. 그 발표일이 12월 마지막 주일이었다. 그리고 그날이 옥하버침례교회와 장로교회가 하나 되는 연합예배를 드리는 날이기도 했다. 난 옥하버 교인들에게 최종결과가 안 나왔기 때문에 아무 얘기도 하지 않았다.

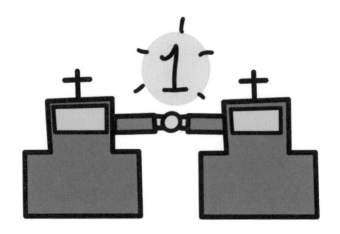

둘이 하나가 되다

드디어 12월 26일, 마지막 주일이 되었다. 이날은 모든 사람들이 염원하는 두 교회가 하나 되는 날이다. 1시에 통합예배가 있었는데, 12시 30분에 '벧엘교회 공동회의에서 저를 담임목사로 청빙하기로 결정이 났다'는 기쁜 소식을 전해주었다. 나는 하나님께 감사기도를 드렸다.

드디어 1시가 되어서 두 교회가 하나 되는 역사적인 통합예배가 시작되었다. 장로교회도 미국교회를 빌려서 사용했는데, 예배당 안에 옥하버 역사상 가장 많은 사람이 참여했다. 사람들의 얼굴에는 웃음이 가득했고 축제 분위기였다. 나는 통합사를 하면서 '하나님께서 행하신 놀라운 일 즉 베델교회 담임목사로 청빙 받은 것'을 간증했다. 그러자 교인들이 환호성을 터뜨리며, '이것은 하나님의 기적'이라고 난리가 났다. 하나님은 마지막에 반전을 일으키는 분이다. 그래서 인생은 흥미진진한 것이다. 하나님이 개입하면 화가 복으로 변하고, 합력하여 선을 이룬다. 하나님은 먼저 믿음으로 행동할 때 기적을 일으켜주신다는 것을 다시 한번 확인시켜주셨다. 할렐루야!!

통합사 후에 장로교 목사님이 성찬식을 집도했다. 주님의 살과 피를 먹고 마시면서 우리는 다시 한 몸이 되었으며, 이제는 다시는 갈라지지 않겠다고 다짐하였다. 그리고 여자 장로님이 기도를 인도하는데 사람들이 마음에 감동받고 눈물을 흘렸다.

통합 예배 후에 사람들이 나에게 와서 축하를 해주었다. 어떤 장로님이 나에게 "참 훌륭한 일을 하셨다면서, 목사님은 이미 목회를 성공하신 것이라"고 칭찬해주셨다. 박 집사님은 나를 보면 "정말로 하나님이 함께하시는 분"이라는 것을 느꼈다고 얘기했다. 케빈 씨도 "내가 사역지가 된 타이밍이 너무 절묘하게 맞았다면서 정말 하나님은 살아계시고, 하나님이 목사님과 함께하신다는 것"을 느꼈다고 했다. 하나님은 내가 하나님의 사람이라는 것을 입증해주셨고, 나를 높여주셨다. 나는 하나님께 감사를 드렸고 모든 영광을 하나님께 돌렸다. 다시 한번 오직 의인은 믿음으로 살아야 함을 깨달았다.

예배 후에 만찬을 나누었다. 축제 날처럼 음식을 정말 많이 준비하셨다. 음식을 먹으면서 오늘의 기쁨을 즐겼다. 모든 사람의 얼굴에 기쁨과 감사와 은혜가 넘쳤다. 정말 천국 잔치가 따로 없었다. 하나님도 얼마나 기뻐하실까? 주님의 기쁨이 느껴졌다. 어떤 장로님은 한복을 입고 오셔서, 너무 기쁘게 덩실덩실 춤을 추셨다. 또 사진기를 가지고 다니면서 계속 사진을 찍었다. 나중에 앨범을 만든다고 하셨다.

하나 됨은 결코 쉬운 일이 아니었다. 느헤미야가 예루살렘 성벽을 건축할 때 적들이 계속해서 훼방하고 공격했던 것처럼 하나 됨을 방해하는 세력들이 있었다. 누구도 두 교회가 하나 될 줄 상상도 못 했고, 불가능하다고 생각했다. 하지만 하나님은 말씀을 이루셨다. 앞으로 남과 북도 하나님의 때에 하나님의 능력으로 통일될 것을 기대한다. 할렐루야!!

"여호와께서 시온의 포로를 돌려 보내실 때에 우리는 꿈꾸는 것 같았도다. 그 때에 우리 입에는 웃음이 가득하고 우리 혀에는 찬양이 찼었도다. 그 때에 뭇 나라 가운데에서 말하기를 여호와께서 그들을 위하여 큰 일을 행하셨다 하였도다. 여호와께서 우리를 위하여 큰 일을 행하셨으니 우리는 기쁘도다. 여호와여 우리의 포로를 남방 시내들 같이 돌려 보내소서. 눈물을 흘리며 씨를 뿌리는 자는 기쁨으로 거두리로다. 울며 씨를 뿌리러 나가는 자는 반드시 기쁨으로 그 곡식 단을 가지고 돌아오리로다"(시 126:1-6).

다음은 내가 2010년 12월 26일 마지막 예배 설교시간에 두 교회에 대한 통합사 전문이다.

옥하버 두 교회에 대한 통합사

사랑하는 옥하버 성도님들 여러분! 오늘 침례교회와 장로교회가 하나로 연합하는 예배를 드릴 수 있음을 하나님께 진심으로 감사를 드립니다. 그리고 두 교회의 연합을 위해서 수고하시고, 기도해주신 모든 분들께 감사를 드립니다. 오늘은 하늘나라에서 잔치가 벌어지는 날입니다. 천군 천사들이 두 교회의 화합을 기뻐하며 축하의 찬양을 부르고 있을 것입니다. 성부, 성자, 성령 하나님께서 하나 되신 것과 같이 우리의 하나 됨은 하나님께 드리는 최고의 예배이고, 최선의 예물이라고 생각합니다. 저는 오늘 여러분 앞에서 두 교회의 하나 됨은 하나님의 역사이고, 기적이라고 증언하고 싶습니다. 먼저 우리의 지난 과거를 잠깐 살펴보도록 하겠습니다.

옥하버라는 지역은 여러분도 잘 아시다시피 한국 사람이 별로 없는 곳입니다. 모두 합해서 50명도 안 된다고 합니다. 이 지역에 27년 전에 처음으로 장로교회가 세워졌습니다. 저는 케네디 장로님으로부터 이 교회가 어떻게 세워지게 되었는가에 관한 얘기를 들었습니다. 그것은 분명히 하나님이 계획하신 일이시라고 저는 확신합니다.

그러나 안타깝게도 신앙의 미성숙함과 인간적인 생각을 좇아서 교회가 갈라지게 되었습니다. 그래서 13년 전에 세워진 것이 옥하버영광침례교회입니다. 그러다 보니까 두 교회 모두 자립이 안 됩니다. 목회자를 제대로 서포트하지 못해서 목회자와 성도 간에 갈등과 마찰이 생기고, 서로 간에 불신과 상처가 생기게 되었습니다. 또한, 교회가 해야 할 선교적 사명과 지역사회를 섬기는 봉사의 사명도 제대로 감당하지 못했습니다. 두 교회가 서로 간에 왕래도 없고, 연합하는 일도 없었습니다. 그동안 연합의 시도가 여러 번 있었는데 잘 안되었다고 들었습니다. 서로 주 안에서 한 형제자매이면서도 사랑하지 못했습니다. 한 교회에서 시험 들면 다른 교회에 가는 일이 반복되었습니다. 어떤 분은 이 교회도, 저 교회도 싫어서 미국교회 가는 분도 있었다고 합니다. 그리고 일본 분들은 "왜 한국교회가 서로 합하면 좋은데 그렇게 하지 않느냐?"고 묻습니다. 교인 됨을 떠나서 한국 사람으로서 서로 연합하는 모습을 보여주지 못한 부끄러운 모습을 보여주었습니다. 이러한 것들로 인해서 교회가 빛과 소금의 사명을 감당하지 못했습니다. 교회가 세상에 영향력과 감동을 주지 못했습니다. 그래서 전도의 길이 막히고, 하나님의 영광을 가리게 되었던 것입니다.

우리는 지나온 과거의, 잘못된 우리의 죄악들을 고백하고, 회개해야 할 것입니다. 주님의 몸 된 교회를 둘로 찢은 죄악을 회개해야 합니다. 그리고 서로에 대해서 원망이나, 상처가 있다면 모두 용서하고, 그리스도 안에서 용납해야 할 것입니다. 왜냐하면, 오늘은 하나님이 '두 교회를 하나로 만들어주신 기쁜 날'이기 때문입니다.

이제 두 교회가 하나 됨에 어떻게 하나님께서 저를 사용하셨는지를 간증할까 합니다. 저희 교인들은 저에 대해서 잘 알지만, 장로 교인과 일본 교인들은 잘 모를 것입니다. 그래서 먼저 제가 시애틀에 오게 된 간증을 간단히 하겠습니다. 저는 텍사스의 포트워스에 있는 사우스웨스턴 뱁티스트 세미너리를 2008년 5월에 졸업했습니다. 저와 아내는 기도 가운데 "내 교회를 세우라"는 주님의 음성을 들었습니다. 그리고 하나님께서 제 아내에게 시애틀 지역을 두 번이나 또렷하게 환상으로 보여주었습니다. 저희들은 당시 시애틀로 이사 올 수 있는 경제적인 여건이 안되었습니다. 그러나 하나님께 순종했을 때 기적을 일으켜주셔서 24,000불을 채워주셨습니다. 그래서 저는 2008년 9월에 시애틀에 오게 되었습니다.

저는 시애틀에 와서 몇 개월간 기도하면서 하나님의 뜻을 기다렸습니다. 사역지도 없고, 어떻게 주님의 교회를 세워야 할지 몰랐습니다. 그런데 2008년 12월 말에 옥하버영광침례교회와 연결이 되어서 2009년 1월 첫 주부터 이곳에서 목회를 시작하게 되었습니다. 저는 옥하버가 어디인지도 몰랐고, 이곳에 아는 사람도 없었습니다. 이곳에서 목회하게 된 것은 모두 하나님의 인도였음을 저는 고백합니다. 주님께서는 기도 가운데, 옥하버에 있는 영혼들이 고통하고 신음하는 소리를 저에게 들려주셨습니다. 그리고 저에게 "그곳으로 가서 주님의 양 떼를 먹이고 치유하고 주님의 교회를 세우라"는 감동을 주셨습니다. 저는 도저히 주님의 뜻을 이해할 수 없었지만, 순종했습니다.

저는 2년 가까이 옥하버에서 사역하면서 많은 기도 응답과 은혜를 체험했습니다. 영혼들이 구원받고 변화되는 것을 보면서 목회의 기쁨도 느꼈습니다. 전 이곳에서 목회하면서 '진정한 부흥은 한 영혼이 주님을 만나고 변화되는 것이라는 것'을 깨달았습니다. 하지만 여전히 제 안에는 답답함과 의문이 있었습니다. '왜 하나님께서 한국 사람도 별로 없는 옥하버 섬으로 저를 보냈을까?'. 전 정말 이해가 안 갔습니다. 한국 사람이 50명도 안 됩니다. 그런데 교회가 두 개나 있습니다. 전도하려고 해도 전도할 사람이 없었습니다. 어떤 분이 저에게 '옥하버에서 목회하면서 무엇이 가장 힘들었냐?'고 물었는데, 동서남북을 바라봐도 비전이 안 보이니까 힘이 들었습니다. 전 2년 동안 계속해서 하나님께 물었습니다. '옥하버 지역을 향하신 하나님의 비전과 뜻이 무엇입니까?'.

전 하나님의 뜻을 구하고 찾고 두드린 결과 마침내 깨달았습니다. 하나님께서 여러 가지 채널을 통해서 말씀해주셨습니다. 기도 가운데 에스겔 37장 16, 17, 22절 말씀을 주셨습니다. "인자야 너는 막대기 하나를 가져다가 그 위에 유다와 그 짝 이스라엘 자손이라 쓰고 또 다른 막대기 하나를 가지고 그 위에 에브라임의 막대기 곧 요셉과 그 짝 이스라엘 온 족속이라 쓰고. 그 막대기들을 서로 합하여 하나가 되게 하라 네 손에서 둘이 하나가 되리라. 그 땅 이스라엘 모든 산에서 그들이 한 나라를 이루어서 한 임금이 모두 다스리게 하리니 그들이 다시는 두 민족이 되지 아니하며 두 나라로 나누이지 아니할지라". 아멘.

제가 이 말씀을 받고, 그러면 "주님, 이제 제가 어떻게 해야 합니까?" 하고 물었습니다. 과거에도 여러 번 서로 연합하려고 애썼는데도 안되었고, 어떤 분은 두 교회가 하나가 되는 것은 하나님의 기적이라고 얘기했는데 말입니다. 그때 하나님께서 저에게 '내 모든 것을 내려놓으라'고 하셨습니다. '한 알의 밀알이 땅에 떨어져 썩어야 많은 열매를 맺는다'면서 절 보고 희생하라고 하셨습니다. 그런데 그것이 쉽지가 않았습니다. 하나님의 말씀과 제 현실 사이에 갈등이 생기는 것입니다. 사역지도 정해지지 않고, '앞으로 어떻게 살아갈까?' 하는 걱정이 되는 것입니다. 그렇다고 사역지를 구해놓고 교인들에게 얘기하면, 제가 빠져나갈 명분을 만들려고 그런다고 할 것이고… 그런데 하나님은 하나 되게 하고 떠나라고 하고 어떻게 해야 합니까? 순종해야지요.

제가 순종하고 교인들에게 얘기했을 때 저희 교인들이 놀랐습니다. 전혀 예상하지 못했던 일이었거든요. 처음에는 제가 사역지를 구해놓은 줄로 의심하는 분도 있었습니다. 하지만 저희 교인들은 저의 진심을 이해해주었습니다. 그들도 그동안 기도하면서 하나 됨이 하나님의 뜻이라는 것을 깨닫고 모두 동의해주셨습니다. 저는 이 점에 대해서 저희 교인들에게 감사를 드리고 싶습니다. 그리고서 제가 장로교회 목사님과 장로님들과 만나서 하나님께서 행하신 일을 간증했습니다. 그분들도 이것이 하나님의 역사라는 것을 동의하고 하나 됨에 쌍수를 들고 환영해주셨습니다.

그래서 침례교회와 장로교회 대표분들이 9월에 만나서 서로 히니가 되기로 약속을 했습니다. 그리고 그 증거로 우리 교회에 그동안 모아두었던 건축헌금 3만 불을 장로교회에 넘겼습니다. 그리고 우리 교회 모든 비품을 장로교회로 넘겼습니다. 앞으로 두 교회가 모아둔 헌금을 합쳐서 이곳에 한국교회 예배낭이 세워지게 될 것입니다. 저는 이 모든 일을 하나님이 섭리하셨다고 확신합니다. 그 이유 첫 번째는 양쪽 교인들에게 모두 하나 되어야 한다는 같은 마음을 주셨기 때문입니다. 사실, 사람의 마음과 생각은 모두 다릅니다. 그것이 모두 하나가 된다는 것은 성령님의 역사라고 저는 믿습니다.

두 번째는 제가 이곳에 온 것이 하나님의 섭리로 왔다는 것입니다. 그리고 장로교회 박정일 목사님도 이곳에 온 것이 하나님의 인도였습니다. 제가 얘기를 들어보았지만 이곳에 올 계획이 전혀 없는 분이었습니다. 아는 사람도 없습니다. 그런데 우연히 목사님들이 추천해주셔서 이곳에 올해 3월에 오시게 되었습니다. 저는 목사님과 만나서 교제를 나누면서 '이분이야말로 하나님께서 보내신 분'이라는 확신이 들었습니다. 어떤 분은 제가 떠나는 것에 대해서 안타깝고 섭섭하게 생각하셨습니다. 그러나 저는 '박정일 목사님이 모든 면에서 이 지역에 가장 적합하신 목사님'이라고 확신합니다. 하나님이 하시는 일은 빈틈이 없고, 착오가 없기 때문입니다.

저는 여러분에게 권면합니다. 박정일 목사님을 이곳에 보낸 분이 하나님이십니다. 그렇게 믿으시고, 목사님과 잘 협력해서 아름다운 교회를 이루시기 바랍니다. 하나님이 하나 됨을 이루셨다는 세 번째 증거는 오늘의 하나 됨은, 그동안 눈물의 기도에 대한 하나님의 응답이기 때문입니다. 저는 옥하버에서 여러 명의 하나님을 사랑하는 사람들을 만났습니다. 그분들은 두 교회가 분열된 것에 대해서 가슴 아파했습니다. 그래서 오랫동안 하나 됨을 위해서 기도했습니다. 그 기도를 하나님께서 들으시고, 이렇게 하나 됨을 이루셨습니다. 우리 모두 하나님께 감사와 찬양과 영광의 박수를 돌립시다.

이제 우리 하나님이 하나 되게 하신 교회를 절대로 가르거나 분열시키는 일이 없도록 다짐합시다. 과거를 교훈 삼아 앞으로 신앙적으로 더욱 성숙해져서 서로 하나가 되십시다. 주안에서 사랑하고, 화목한 공동체가 되십시다. 하나 됨을 위해서 끊임없이 기도하십시다. 말을 조심하여 서로 상처를 주거나, 이간질하고 비방하는 말을 하지 마십시다. 서로 덕을 세우고, 평화를 추구합시다. 목회자를 존경하고 사랑합시다. 교회 재정을 투명하게 관리하고, 하나님이 기뻐하시는 뜻대로 사용합시다.

저는 앞으로 옥하버교회가 목회자와 모든 성도들이 한마음, 한뜻이 되어서 아름다운 교회가 되기를 바랍니다. 한국 사람들만을 위한 교회가 아니라, 일본 사람, 필리핀 사람, 중국 사람, 베트남 사람 등 다른 민족들도 전도해서 다민족 교회를 이루시길 바랍니다. 옥하버교회가 데살로니가교회처럼 믿음의 역사가 나타나고, 사랑의 수고가 있고, 소망으로 인내하기를 바랍니다. 그래서 좋은 소문들이 시애틀 전역에 퍼져나가길 바랍니다. 우리의 하나 됨의 소식을 듣고, 벨링햄 북쪽에서부터 타코마 남쪽으로 이제 화합의 기운들이 번져갈 수 있기를 기도합니다.

많은 분이 저의 진로를 위해서 걱정해주시고 기도해주셨습니다. 마지막으로 하나님께서 어떻게 저의 길을 인도해주셨는가를 간증하고 마치겠습니다. 저는 두 교회의 하나 됨을 위해서 제 모든 것을 내려놓았습니다. 저는 '순종하는 자에게 반드시 여호와 이레의 하나님께서 저의 사역지를 준비해 두셨다'고 믿었습니다. 그래서 저는 '구하고, 찾고, 두드리는 자에게 가장 좋은 것을 주신다'는 말씀에 의지하여, 기도하면서 사역지를 찾았습니다. 한국에도 알아보고, 미국도 알아보았습니다. 여러 군데 길이 있었는데 이상하게 길이 안 열렸습니다. 저희 부부도 사람인지라 환경을 바라보면 낙심이 되고, 흔들리기도 하였습니다. 사단이 계속해서 저희 부부를 참소했습니다. '너희들 하나님의 뜻에 순종했다고 해놓고, 사역지도 안 구해지면 이제 사람들에게 수치를 당하고, 하나님의 영광도 가리게 될 것이다'.

그러나 하나님은 기도하면 계속해서 소망과 약속의 말씀을 주셨습니다. 10월 25일에 제가 아는 목사님께서 제게 휘더럴웨이 벧엘침례교회에서 목회자를 구하는 광고가 났다고 그곳에 지원해보라고 알려주셨습니다. 제가 광고를 보고 지원 서류를 냈습니다. 11월 말이 마감일이었습니다. 저는 지원서를 내고 나서 되리라는 확신이 없었습니다. 제가 두 가지가 자격 조건이 안 되었습니다. 하나는 영주권이나 시민권자를 구하는데 저는 종교 비자밖에 없습니다. 두 번째는 침례교단에서 안수받은 목사를 구하는데 저는 장로교단에서 안수받았습니다. 그리고 제가 어렸을 때 많이 아파서 대수술을 했는데 그것도 마음에 걸렸습니다. 아내도 임신했는데 혹시 그것도 싫어하면 어쩌나 하고 마음에 걸렸습니다.

하지만 모든 것을 하나님께 맡기고, 저희 부부는 정말 하나님께 간절히 기도했습니다. 기도 가운데 하나님께서 "내가 새 일을 행할 것이고, 기적을 행하리"라고 응답해주셨습니다. 그리고 "너희를 그곳에 세우시겠다"고 말씀해주셨습니다. 또한 '청빙위원 9명에게 일치된 마음을 주어서 저를 뽑게 해서 이것이 하나님의 기적'이라는 것을 나타나게 해주겠다고 했습니다. 그래서 저희는 '하나님의 뜻이 이루어지게 해달라'고 간절히 기도했습니다. 지원자는 저를 포함해서 두 명이 되었습니다. 그리고 두 주에 걸쳐서 한 사람씩 설교도 하고, 성도들과 질의응답하는 시간을 가졌습니다. 12월 20일에 9명의 청빙위원이 모여서 두 명 중에 한 명을 결정하기로 했습니다. 그런데 만장일치로 제가 되었습니다. 하나님께서 그들에게 일치된 마음을 주셔서 한 사람도 반대가 없었습니다. 제가 고민했던 여러 가지 것들이 하나도 문제가 되지 않았습니다. 저는 이것이 하나님의 역사라고 믿습니다. 그리고 12월 26일 오늘 교인들 총회가 있었습니다. 거기서 청빙위원들의 결정에 대해서 모든 성도가 찬성을 해주어서 제가 훼더럴웨이 벧엘침례교회 담임목사로 청빙이 확정되었습니다. 할렐루야!!

여러분!! 하나님이 도우시면 여러 가지로 부족해도 되는 것입니다. 그러나 하나님이 돕지 않으면 아무리 자격을 갖추어도 안 되는 것입니다. 저는 이것이 하나님의 뜻에 순종한 것에 대한 하나님의 선물이라고 믿습니다. 또한, 저를 위해서 기도해주신 분들에 대한 응답이라고 믿습니다. 저를 위해서 기도해주신 분들께 감사를 드립니다. 그리고 이 모든 역사를 이룬 하나님께 감사와 영광을 돌립니다. 하나님이 하시는 일은 한 치의 오차도 없습니다. 하나님은 우리 인생의 연출자입니다. 그분은 오늘 연합예배를 드리는 이 시간에 이렇게 좋은 소식을 듣게 해주셨습니다. 하나님은 12월 마지막 주에 이곳에서 일을 마치게 하시고, 내년 1월부터 그곳에서 일하게 하셨습니다. 할렐루야!!

더 놀라운 것은 하나님께서 이러한 것들이 일어나리라는 것을 우리 교인 중 한 분에게 미리 가르쳐 주셨습니다. 작년 11월에 어떤 교인이 저에게 "이사를 하느냐?"고 물었습니다. 그래서 "아닌데요. 왜 그러세요?" 하고 물었더니, 그분이 너무 생생한 꿈을 꾸었다는 것입니다. 첫 번째는 우리 가족이 이사를 한다면서 자신에게 인사를 하더래요 그리고 두 번째는 제가 여기보다 더 큰 교회에서 설교하는 모습을 보았다는 것입니다. 그러니까 하나님께서 이 모든 것을 계획하셨다는 것입니다.

저는 이곳에서 목회하면서 하나님께 부흥하는 곳으로 인도해달라고 기도했습니다. 그런데 훼더럴웨이는 시애틀에서 한국 사람이 가장 많이 사는 곳입니다. 그리고 제가 가는 교회는 70명이고, 역사가 25년이 되었습니다. 그분들의 가장 큰 소원이 부흥입니다. 하나님은 저와 가장 맞는 교회로 연결해주신 것입니다. 앞으로 저를 위해서 기도해주시기 바랍니다. 옥하버교회 에서 저를 파송한다 생각하시고 저와 교회의 부흥을 위해서 기도해주시길 바랍니다. 그래서 서로 만날 때마다 하나님이 이루신

역사를 간증할 수 있기를 바랍니다. 감사합니다. 기도하겠습니다.

2010년 12월 26일(주일)

가자 벧엘로!!

2011년 새해가 밝았다. 옥하버에 있을 때 교회 성도에게 꿈으로 가르쳐주었던 대로 난 옥하버를 떠나서 다시 훼드럴웨이로 이사를 했다. 그리고 옥하버 보다 더 큰 교회의 담임목사로 가게 되었다. 그때가 내 나이 40이 되던 해였다. 하나님께서 나에게 반복적으로 주신 말씀이 "작은 일에 충성하라… 그리하면 네게 큰 것을 맡기리라"였다. 난 이번 일을 통해서 하나님이 아무리 작은 것을 맡겨줘도 그 일에 충성할 때, 더 큰 것을 맡기신다는 것을 깨달았다. 그러므로 처음부터 큰일을 욕심내면 안 된다. 자기 분량과 달란트에 맞게 봉사하고 그 일에 충성해야 한다.

벧엘교회 성도들은 우리 가족을 진심으로 환영해주었다. 그리고 새로운 목사님이 오셔서 이제 교회가 부흥하고 발전할 것이라고 기대가 많았다. 그런데 주일날 첫 예배를 드리는데 교인 중에 하나가 단에서 사회 보는 집사님께 내려오라고 소리를 질렀다. 담임목사님이 오셨으면 이제 목사님이 예배를 인도해야지 왜 당신이 거기에서 사회를 보느냐고 막 뭐라 하는 것이었다. 난 너무 놀라고 당황스러웠다. '이게 뭐지?' 뭔가 교회 분위기가 심상치 않았다.

난 사탄이 예배를 방해하는 것 같아서, 마음을 단단히 먹고 자신있게 큰 소리로 '새 일을 행하시는 하나님'이란 제목으로 설교했다. 설교 후에 기도를 하는데 성령님이 강하게 임재하여서 중간중간 사람들의 울음이 터져 나왔다.

난 제일 먼저 교회가 어떤 상황에 놓여있는지를 파악하는 것이 급선무라고 생각했다. 알아보니 전임목사님이 은퇴하면서 좀 문제가 있었고, 내가 오기 전에 임시목사님이 오셔서 운영위원을 세우면서 교회가 두 파로 갈라졌고, 서로 싸우는 상황이었다. 그래서 운영위원 모임을 하면 큰 소리가 났고, 몇몇 운영위원이 교회 분위기를 험악하게 만들고 있었다.

분위기상 내가 누구 편을 들 수도 없고, 그렇다고 권위를 내세워 뭐라고 할 상황이 아니었다. 그래서 일단 지켜보기로 하고 성도들이 은혜받고 기도하는 일에 힘을 쏟았다. 전임목사님이 은퇴하고 일 년 동안 공백기가 있었는데 성도들이 많은 상처를 받고 힘들어하고 있었다. 그래서 난 교인들을 심방하고 그들의 상처를 보듬는 일을 했다.

나는 첫 달 사례비를 믿음으로 하나님께 모두 드렸다. 이민교회 성도들은 돈에 민감하기 때문에 목사가 돈에 초월해서 믿음으로 사는 모습을 보여줘야 했다. 하나님은 옥하버교회를 떠나면서 물질을 넘치게 채워 주셔서 난 부족함이 없었다. 그리고 영주권도 서류만 교회에서 도와주고 비용은 내가 알아서 하겠다고 했다. 될 수 있으면 교회에 재정적으로 부담을 주기 싫었다. 왜냐하면, 헌금도 많이 줄어서 교회 재정이 넉넉하지도 않았기 때문이다.

난 교회의 체제를 새롭게 정비했다. 우선 한국말과 영어에 능통한 교육목사님을 새롭게 청빙했다. 그분께 아동부, 청소년부 그리고 영어부서 등 교육부 전체를 맡겼다. 그리고 음악목사님을 한 분 청빙해서 교회

음악을 맡겼다. 교회는 나를 포함 세 분에게 사례비를 지급할 형편이 되지 못했다. 그래서 내가 받는 사례비에서 천 불을 내놓았다. 그리고 교회에서 목장을 맡은 목자들이 한사람에 100불씩 500불을 헌금하기로 작정을 했다. 그렇게 1,500불의 헌금을 마련해서 재정을 확보했다. 그런데 신기하게도 하나님께서 여동생 친구의 마음을 감동하게 해서 그 자매가 매달 나에게 100만 원씩 보내주기로 했다. 하나님을 위해서 희생하면 하나님께서 반드시 채워 주심을 다시 한번 깨달을 수 있었다. 할렐루야!!

그러나 교회에서 둘로 나뉘어 서로 으르렁거리던 두 팀이 결국 싸우고 교인 20명 정도가 교회를 떠나게 되었다. 그 과정에서 나도 안 좋은 일을 당했고, 교회도 한동안 어수선했다. 난 그런 분위기를 새롭게 하고자, 마침 한국에서 반봉혁 장로님이 시애틀에 전도부흥회를 오신다는 소식을 듣고 그분을 모시고 부흥회를 했다. 그리고 반 장로님의 소개로 얼마 후에 황수관 박사님을 모시고 또 집회를 했다. 그렇게 해서 교회 분위기가 좀 새로워지게 되었다.

난 나와 교육목사 그리고 음악목사가 드림팀이 되어서 서로 협력하고, 좋은 시너지를 만들어내면 교회가 분명히 성장할 것이라고 생각했다. 그런데 어느 순간부터 이상하게 나와 사모와 교인들 사이에 무언가 벽이 생기는 것 같았다. 아내도 왕따 비슷한 것을 당하게 되고, 교인들이 나에게도 뭔가 불만이 있어 보였다. 그게 뭔지 잘 몰랐는데, 나중에 어떤 집사님이 나에게 와서 진실을 알려줬다. 어떤 사람이 나와 교인들 사이를 이간질한다는 것이었다.

그래서 내가 그 사람을 불러서 뭐라고 했는데 오히려 상황이 더 안 좋아지게 되었다. 교인들에게 뭔가 해명하자니 오히려 일이 더 복잡하게 꼬일 것 같았다. 그래서 나와 아내는 아주 힘든 시간을 보내야 했다. 그때 난 '인사가 만사다'라는 격언이 맞는다는 것을 깨달았다. 내가 교회를 부흥시키고자 너무 서둘렀다는 생각이 들었다.

초창기에는 성도들이 내 설교가 좋고 은혜스럽다고 하더니 어느 순간부터 일부 성도들 사이에 설교가 은혜가 안된다며 자꾸 불평이 나왔다. 그때 난 아무리 명설교를 해도 목회자와 성도 사이에 관계가 틀어지면 은혜가 안된다는 것을 다시 한번 깨달았다. 그래서 신앙생활의 핵심은 목회자와 좋은 관계를 유지하는 것이다. 그리고 시험에 들지 않기 위해서 기도하고 노력해야 한다.

나와 아내는 어떨 때는 너무 힘들어서 하루라도 빨리 이 교회를 떠나고 싶었다. 그러나 하나님께 기도하면 하나님은 '참고 인내하라, 때가 되면 내가 옮기리'라는 감동을 주셨고 '네기 정금 같이 나오리'라는 말씀을 주었다. 그리고 '우리가 여기서 시험을 통과하지 못하면 다른 곳에 가서 또 똑같은 시험을 치러야 한다'라고 하셨다. 그러면서 힘들고 어려울 때마다 여러 가지 방법으로 위로하셨다. 한번은 부활절에 아내가 찬양하는데 부활하신 주님이 흰옷을 입고 아내를 찾아오셨다. 그러면서 아내에게 이렇게 말씀하셨다고 한다. "딸아, 왜 고아처럼 눈치를 보느냐… 사람들이나 환경을 바라보지 말고 나만 바라보거라… 당당하거라".

나와 아내는 영주권이 나오길 간절히 기도했다. 그런데 나오지 않을 이유가 없는데 영주권이 거절되었다. 그래서 미국에 더 이상 있을 수가 없게 되었다. 이제 한국으로 돌아가야 한다. 문득 예전에 한국 여자 목사님이 기도해주시면서 '한국에 가게 될 것이라'라는 말이 결국 이루어졌다는 생각이 들었다. 그리고 '엄청 연단 받을 것'이라는 기도도 이루어졌다. 그렇게 하나님께서는 5년간의 이민목회를 통해 나를 연단하여서 순금 같은 믿음의 사람으로 만드셨다. 나는 겸손과 섬김과 인내를 배웠고 많은 영적 경험을 통해서 믿음이 성장했으며 영적으로 더 강해졌다.

하나님은 어떤 계기를 통해서 모든 진실이 드러나게 하셨고 성도들의 오해를 풀어주었다. 그렇게 나와 성도들 사이가 다시 회복되었다. 그러자 성도들이 우리에게 매우 미안해했다. 그리고 예전처럼 성도들이 내 설교에 은혜를 받게 되었다. 그렇게 5년의 이민목회가 끝이 났다.

"내가 가는 길을 그가 아시나니 그가 나를 단련하신 후에는 내가 순금같이 되어 나오리라"(욥 23:10).

"내 형제들아 너희가 여러 가지 시험을 당하거든 온전히 기쁘게 여기라. 이는 너희 믿음의 시련이 인내를 만들어 내는 줄 너희가 앎이라. 인내를 온전히 이루라 이는 너희로 온전하고 구비하여 조금도 부족함이 없게 하려 함이라"(약 1:2-4).

Part. 5

새로운 만남과
꿈

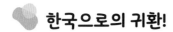# 한국으로의 귀환!

　우리 가족은 한국으로 가기 전에 그동안 여유가 없어서 못 했던 미국여행을 하기로 했다. 먼저 댈러스에 있는 베다니 장로교회를 방문했다. 목사님과 성도님들에게 그간의 이민교회 목회에 대해 보고를 드렸다. 그리고 그동안 후원해주시고 기도해주심에 감사 인사를 드렸다. 하나님께서는 단독 목회를 보내기 전에 잠시 베다니교회에서 머물게 하셨고, 그 교회를 통해서 나를 후원하게 하셨다. 난 당시에는 하나님의 뜻을 깨닫지 못했는데, 나중에서야 알게 되었다. 이처럼 우리는 하나님이 행하시는 일을 모두 알 수 없다. 이해가 되지 않을 때는 안 되는 대로 모를 때는 모르는 대로 주님의 인도하심이 옳다는 것을 믿고 나아가야 한다.

　우리 가족은 오랜만에 여행하면서 그간에 쌓였던 스트레스를 날려보냈다. L.A에 가서 디즈니랜드, 유니버설 스튜디오를 둘러보았다. 아이들이 너무 좋아했다. 놀이기구도 많이 타고, 쇼도 구경하였다. 그리고 그랜드캐니언을 갔는데 그 장엄한 광경에 입이 떡 벌어졌다. 하나님은 위대한 창조주이심을 다시 한번 느낄 수 있었다. 마지막으로 하와이에 들렀다. 해변에서 물놀이도 하고 전통 원주민 쇼도 구경했다. 그렇게 우리의 미국에서 시간은 끝을 향해서 흘러갔다.

　2013년 8월에 미국에 간 지 8년 만에 드디어 인천국제공항에 도착했다. 한국으로 오는 비행기에서 신기한 경험을 했다. 미국에서 보냈던 시간이 마치 꿈을 꾸었던 것처럼 느껴졌다. 3년의 유학과 5년의 이민목회의 순간들이 주마등처럼 스쳐 갔다. 언젠가 이 세상을 떠날 때도 지난날이 마치 꿈을 꾼 것처럼 느껴질 것 같았다. 그런데 '난 왜 그렇게 아등바등하고 힘들게 살았을까?' 하는 생각이 들었다. 주님 말씀대로 '항상 기뻐하며 감사하며 살면 될 것을…'

> "이 세상도, 그 정욕도 지나가되 오직 하나님의 뜻을 행하는 자는 영원히 거하느니라"(요일 2:17).

미국에서 돌아온 나는 아무것도 가진 것이 없었다. 심지어 살 집도 없었다. '이제 어디로 가서 무엇을 해야 할까?' 난 이 고민을 미국에서 떠나기 전에 했다. 한국의 담임과 부목 자리를 알아보았다. 하지만 내 건강과 나이로는 어느 곳 하나 들어가기가 쉽지 않았다. 기도 가운데 문득 과거에 강릉에서 개척을 꿈꾸었던 때가 생각났다. 강릉에는 아는 분들도 있고 그래서 난 강릉에 가서 교회를 개척하기로 했다. 벧엘침례교회에서 마지막에 파송 예배를 드려주었다. 그때 《기독일보》의 김 브라이언 기자가 와서 취재하고 기사를 쓴 것이 아직도 인터넷에 올라와 있다.

난 강릉으로 내려가서 큰 애와 둘째 아이를 새로 생긴 기독교 대안학교에 입학시켰다. 그 학교는 전교생들이 기숙사 생활을 하고 있었다. 그래서 교장 선생님께 사정을 말씀드리고 남는 기숙사 방을 하나 얻었다. 그곳에서 나와 아내와 셋째 아이가 생활했다. 그렇게 해서 일단 거주지를 만들었다.

나는 강릉에서 예전에 알던 분들 몇 명을 만나서 개척의 비전을 나누었고, 모두 동참을 해주셨다. 그리고 어떤 분이 내가 개척한다는 소식을 듣고 2,000만 원을 헌금해주셨다. 그래서 우리는 개척할 장소를 물색하다가 상가 2층 건물을 얻게 되었다. 개척 멤버 중에 손재주가 좋은 장로님이 계셨는데 그분이 직접 리모델링을 하셨다. 나는 옆에서 조수를 했다. 우리는 매일 저녁 교회에 모여서 기도회를 했다.

하나님께서 사람들을 통해 개척교회에 필요한 모든 비품들을 다 채워주셨다. 또한, 여동생이 인테리어 사업을 해서 많은 도움을 주었다. 장로님과 전 교인이 함께 리모델링 공사에 동참해서 10월 말 즈음에 모든 공사를 마쳤다. 그리고 나는 성도들과 개척 감사예배를 드렸다. 그때 성도가 약 20명가량이 되었다. 미국에서 귀국하고 불과 두 달 사이에 하나님께서 살 집도 주시고, 예배당도 주시고, 개척 멤버들도 보내주셔서 너무 감사했다. 할렐루야!!

"마음이 감동된 모든 자와 자원하는 모든 자가 와서 회막을 짓기 위하여 그 속에서 쓸 모든 것을 위하여, 거룩한 옷을 위하여 예물을 가져다가 여호와께 드렸으니, 곧 마음에 원하는 남녀가 와서 팔찌와 귀고리와 가락지와 목걸이와 여러 가지 금품을 가져다가 사람마다 여호와께 금 예물을 드렸으며"(출 35:21-22).

강릉은 인구가 약 21만 명 정도 된다. 그런데 유교, 불교, 무속신앙의 세력이 강해서 복음화가 약 5% 정도밖에 안 된다. 그래서 구원받을 영혼들이 사방에 넘쳐난다. 그리고 교회들도 자립한 교회보다 미자립교회와 개척교회들이 더 많다. 개척해도 부흥해서 자립하는 교회들이 극히

드물다. 강릉뿐 아니라 전국에서 매년 많은 교회가 개척되지만 100개 교회 중에 1개 교회 정도가 부흥되고 자립할 뿐이다. 예전에 70, 80, 90년대는 한국교회가 무섭게 부흥할 때였다. 그때는 사람들이 복음을 잘 받아들였고, 많은 교회가 부흥해서 성장했다. 하지만 지금 시대는 과거와 달리 기독교가 정체기에 접어들어 쇠퇴하고 있다. 기독교에 대한 사회적 이미지도 나빠져서 전도가 잘되지 않는다. 그리고 요즘 사람들은 개척교회나 작은 교회보다 이미 자립하고 모든 체계가 갖추어진 교회에 가서 편하게 신앙생활을 하고 싶어 한다. 그래서 요즘 개척은 옛날의 개척보다 훨씬 어렵다.

나는 교회를 개척하면서 마태복음 28장 26~28절 말씀으로 교회 비전을 선포했다. '영혼을 구원하는 교회, 예수님의 제자를 삼는 교회 그리고 세상에 빛이 되는 교회'를 꿈꾸었다. 그리고 성도들과 매주 거리로 나가서 전도를 하였다. 커피 전도와 부침 전도를 주로 많이 했다. 그것으로 난 부족하다고 여겨져서 강릉에서 전도를 가장 많이 하는 전도 왕을 초청해서 교회에서 간증집회를 했다. 그리고 그분이 일주일에 한 번씩 3개월간 교인들과 함께 전도하는 것을 도와주었다.

전도 왕은 처음에는 일반 교인들처럼 교회만 왔다 갔다 했다고 한다. 그런데 전도부흥집회에서 큰 은혜를 받고 나서 결단하고 매일 전도를 나가기 시작했다. 이분은 전도지를 나눠주면서 반응이 가장 좋은 사람을 타겟으로 삼는다. 그리고는 계속해서 연락하고 찾아가고 만나고 선물을 주고 해서 결국 교회등록을 시킨다. 그리고 전도 후에도 교회에 잘 적응하도록 돌아보고 교육까지 한다. 이렇게 해서 매년 수십 명을 전도

한다. 이런 분만 있으면 교회를 금방 부흥시킬 수 있을 것 같았다. 그래서 교인 중에 전도에 관심 있는 분들을 뽑아서 전도 왕과 함께 다니며 배우도록 했다.

나는 미국에서의 경험을 살려서 학생들에게 영어를 가르쳐주면서 전도를 하면 좋겠다는 생각이 들었다. 그런데 마침 한국교회에 '정철 영어 성경학교'가 유행처럼 번져가고 있었다. 그래서 나와 아내는 그 학교에 등록해서 교사교육을 받았다. 그리고 정철 영어 성경학교를 시작한다는 광고를 강릉 전역에 극동방송으로 했다. 또한, 홍보물을 제작해서 학생들에게 열심히 나누어주었다. 하지만 기대와 달리 막상 오겠다는 학생들이 거의 없었다. 교회에 주일학교라도 있으면 주일 학생들과 그 친구들을 중심으로 하면 되는데, 개척교회는 학생모집이 힘들었다. 그래서 다른 교회에 다니는 학생 중에 원하는 아이들을 모아서 정철 영어학교를 시작했다.

시애틀에서 알던 목사님 중에 한국으로 와서 큰 교회의 영어예배부를 맡아서 목회하는 분이 있었다. 그분에게 부탁해서 영어로 하는 여름성경학교를 우리 교회에서 했다. 나는 전단을 만들어서 뿌리고, 기독교 방송에도 광고했다. 영어부 목사님이 교사들을 데리고 와서 1박 2일 동안 영어캠프를 했는데 아이들이 좋아했다. 하지만 교회 공간이 너무 좁고, 숙박시설이 안 되어있어서 좀 불편했다. 다음에는 더 좋은 시설에서 대규모로 하면 좋겠다는 생각을 했다.

개척교회가 전도와 양육에 집중하고 예배가 은혜스러우면 부흥이 된다. 그런데 목회는 영적전쟁이다. 사탄은 항상 호시탐탐 기회를 노리고 약한 곳을 공격한다. 그리고 목회는 항상 내 생각과 계획대로 움직여주지 않는다. 언제든지 변수가 있고, 예상치 못한 일이 생길 수도 있다. 그래서 개척교회들이 성장하다가 무너지고, 또 성장하다가 무너지고… 그러다가 목회자와 사모가 탈진하고 병들기도 한다. 마찬가지로 우리 교회도 여러 가지 힘든 일이 있었다.

아이들은 어떻게 해요?

한국과 비교해볼 때, 미국은 자녀 교육에서는 천국이다. 첫째로 미국은 공교육이 살아있다. 그래서 학교에서 모든 교육이 이루어진다. 즉 대부분의 아이는 학원에 다니거나 과외를 받지 않는다. 그러므로 교육비 지출이 거의 없다. 예체능도 마찬가지로 거의 돈이 들지 않는다. 큰아이는 초등학교 때 학교에서 축구 클럽에 가입해 운동했고 중학교 때는 오케스트라 반에 들어가서 첼로를 배워 정기적으로 공연했다.

둘째로 미국은 입시 위주의 교육을 하지 않고 전인교육을 시킨다. 학교는 아이들의 재능을 발견해서 키워준다. 그래서 학교에 여러 다양한 클럽들이 있고 자기가 하고 싶은 활동을 하게 한다. 또한, 군이 대학교에 가라고 강요하지 않는다. 그래서 아이들이 학교에 가는 것을 즐거워한다. 우리 아이들이 한국에서 학교에 다니면서 계속하는 얘기가 너무 재미가 없다는 것이었다.

셋째는 선생님들이 아이들을 인격적으로 대하고 체벌을 하지 않는다. 그리고 조금만 잘하는 것이 있으면 칭찬을 많이 하고 격려를 계속해준다. 한국에서 학교를 다니다가 온 아이들은 미국학교에 가면 너무 좋아한다. 자기는 한국에서 공부도 잘하지 못해서 칭찬을 받아본 적이 없는데, 미국에서는 선생님이 조금만 잘하는 것이 있어도 칭찬을 해주니까 한마디로 기가 사는 것이다.

넷째로 미국은 다문화 사회이기 때문에 학교에 가면 다양한 인종과 문화적 배경을 가진 애들이 서로 잘 어울린다. 다른 것을 이상하게 생각하지 않는다. 그래서 다른 나라에서 처음 미국에 온 아이들도 잘 적응할 수 있다.

이런 여러 가지 차이로 인해서 미국에서 학교를 오래 다닐수록 한국에 있는 학교에 적응할 확률이 낮다. 그래서 유학할 때, 신학생들 사이에 한국에 들어갈 사람들은 아이들이 초등학교 저학년일 때 빨리 들어가라고 했다. 실제로 청소년이 된 아이들을 데리고 귀국하면 애들이 적응하지 못해서 다시 미국에 돌아오는 경우도 많다. 그래서 나도 아이들을 한국에 데리고 올 때 걱정했었다. 과연 아이들이 잘 적응할까? 한국에 들어올 때 첫째가 중학교 2학년이고, 둘째가 중학교 1학년이었다.

개척할 때 제일 염려했던 것이 아이들 교육이었다. 역시나 아이들이 적응하는 데 어려움을 겪었다. 특히 큰 아이가 심했다. 한국말은 집에서 항상 사용했기 때문에 어느 정도 하는데 공부는 전혀 따라가지 못했다. 그래서 수업 시간에 멍하니 있거나 엎드려있을 때가 많았다. 그렇다고 학교에 미국에서 온 애들을 위해 특별히 한국말을 가르쳐 준다거나 애들이 학교에서 적응하도록 돕는 무슨 프로그램이 있는 것도 아니었다. 그리고 선생님들은 타 문화권에서 온 아이들을 어떻게 다뤄야 할지 몰라서 당황스러워했다.

게다가 아이들이 기숙사에서 단체생활을 하는데 특히 남자아이들이 짓궂고 장난도 심해서 첫째 아들이 힘들어했다. 화장실에 가 있으면 문을 막 열려고 하고, 팬티를 벗기려고 했다. 그래서 아이가 학교에 가기 싫다고 계속 미국에 다시 가자고 졸랐다. 시간이 지날수록 아들의 상태가 더 악화됐다. 어느 날, 큰아이가 스트레스를 너무 많이 받아서 이상한 행동을 했다. 혼자서 자꾸 중얼거리고, 머릿속에 자꾸 부정적이고 악한 생각이 떠올라서 너무 괴롭다고 했다. 너무 힘들어서 어떻게 하면 죽을 수 있을까를 생각했고, 심지어 손목을 긋는 행동까지 했다. 이대로 놔두면 큰일 나겠다는 생각이 들었다. 정신과에 다니면서 치료도 받고 했지만, 뭔가 근본적인 대책을 세워야 했다.

이런 경험을 하고 나니까 왜 애들 때문에 미국으로 다시 들어가는지 이해가 되었다. 개척목회를 하기도 힘든데, 애들이 방황하고 힘들어하니까 일이 손에 잡히지 않았다. 저러다가 애들이 잘못되면 어떻게 하지? 불안하기도 하고 두렵기도 했다. 그렇다고 미국에 다시 돌아갈 수도 없고, 애들을 국제학교라도 보내야겠다는 생각이 들었다. 그래서 이리저리 알아봤는데 학비가 너무 비싸서 엄두가 나지 않았다. 그렇다고 홈스쿨링을 할 수도 없었다. 정말 이러지도 못하고, 저러지도 못하는 힘든 상황이 되었다. 그러다 보니 아내와도 애들 문제로 자꾸 다투게 되었다.

애들 교육 문제는 도저히 답도 없고 우리들의 힘으로는 해결할 수 없었다. 그래서 나와 아내는 하나님께 애들 문제를 해결해달라고 간절히 기도했다. 저녁에 가정예배를 드릴 때마다 합심해서 기도했다. 그러던 어느 날 미국에서 북한선교를 하는 박상원 목사님이 한국을 방문했고, 우리 교회에서 집회를 하게 되었다. 나는 아이들 문제를 박 목사님께 얘기하고 기도해달라고 부탁했다. 박 목사님도 안타까워하시면서 간절히 기도해주었다.

박 목사님은 중국에 선교를 다녀오고 나서 시애틀로 돌아가려고 인천 국제공항에 갔다. 그런데 거기서 우연히 한국에서 부목사로 사역할 때 알고 지냈던 성도를 만났다. 너무 오랜만에 만나서 반가워서 인사를 나누고, "요즘 어떤 일을 하시냐"고 물었더니, "국제학교를 운영하고 있다"라고 했다. 그래서 박 목사님이 저희 아이들 얘기를 하고 좀 도와달라고 부탁을 했다. 그랬더니 명함을 주면서 연락 달라고 했다. 그 후 박 목사님이 내게 연락처를 주면서 전화해보라고 했다.

나는 박 목사님 얘기를 듣고 잘되면 좋겠다는 생각을 하면서 기도하는 마음으로 전화를 드렸다. 이사장님은 아이들을 데리고 학교로 한번 방문하라고 하셨다. 그래서 온 가족이 학교를 방문했는데 1부터~12학년까지 영어로 수업하는 제대로 된 국제학교였다. 선생님들도 모두 미국이나 캐나다에서 오신 분들이고 교사자격증을 가지고 있는 분들이었다.

이사장님과 인사를 하고 그동안의 상황을 말씀드렸다. 이사장님은 우리 가족을 반갑게 맞이해주시면서 개척하는데 애들 때문에 얼마나 힘드시냐고 위로해주셨다. 그리고 아이들은 선생님들에게 레벨 테스트와 상담을 받았다. 이사장님은 저희를 안타깝게 여기셨고 일단 학교 교장 선생님, 직원들과 상의하고 연락을 주겠다고 했다.

며칠 후에 이사장님께 연락이 왔다. "애들 두 명 모두 학비와 식비 전액 장학금을 주겠다"면서 보내라고 하셨다. 정말 꿈만 같은 기적이 일어났다. 일 년에 한 사람당 학비만 2,000만 원인데 한 명도 아니고 두 명에게 전액 장학금을 주다니…. 아내와 아이들은 기뻐서 소리를 질렀다. 아내가 기도하는데… 하나님께서 '내가 이사장님 명함을 붙들고 그분의 마음을 움직여서 전액 장학금을 달라고 간절히 기도하는 소리를 들었다'는 음성을 들려주셨다. 나는 다시 한번 하나님이 살아계시며 우리 아이들을 너무 사랑한다는 것을 깨달았다. 그리고 그동안 하나님을 온전히 믿지 못하고 의심하고 원망했던 것을 회개했다. 주여 감사합니다. 할렐루야!! 내 인생이 막힐 때마다 하나님은 나의 돌파구가 되어주셨다. 그래서 난 '오직 은혜! 오직 믿음!'으로 살아야 함을 다시 한번 깨달았다. 나와 아내가 이제까지 아무리 어려운 문제를 가지고 기도해도 하나님은 한 번도 '그 일은 나도 힘들겠다'라는 말을 한 적이 없으셨다. 그러므로 인생길이 막혀서 고난 겪는 분들이 있는가? 때를 따라 돕는 은혜의 보좌 앞으로 나아가자!!

"우리에게 있는 대제사장은 우리의 연약함을 동정하지 못하실 이가 아니요. 모든 일에 우리와 똑같이 시험을 받으신 이로되 죄는 없으시니. 그러므로 우리는 긍휼하심을 받고 때를 따라 돕는 은혜를 얻기 위하여 은혜의 보좌 앞에 담대히 나아갈 것이니라"(히 4:15-16).

"내가 산을 향하여 눈을 들리라 나의 도움이 어디서 올까. 나의 도움은 천지를 지으신 여호와에게서로다"(시 121:1-2).

내 계획대로 되지 않는 인생

"형통한 날에는 기뻐하고 곤고한 날에는 되돌아보아라. 이 두 가지를 하나님
이 병행하게 하사 사람이 그의 장래 일을 능히 헤아려 알지 못하게 하셨느니
라"(전7:14).

하나님은 참 좋으신 분이다. 우리 마음에 품은 소원을 다 아시고 들어
주신다. 이제까지 살면서 하나님께서는 내가 원하는 것을 많이 들어주
셨다. 내 소원 중의 하나가 대학교에서 학생들을 가르치는 것이었다. 그
런데 2014년 초에 관동대학교에 계시는 연세대 선배 교수님으로부터
연락이 왔다. "올해부터 학생들을 가르쳐 보는 것이 어떻겠냐?"고 물으
셔서 나는 당연히 "네, 기꺼이 하겠습니다"라고 대답했다.

관동대는 기독교 학교이기 때문에 학생들이 의무적으로 '성서와 기독
교', '기독교와 삶' 두 개의 수업을 들어야 했다. 나는 두 과목 모두 가르
쳤는데 내가 가르치는 학생들이 모두 3~400명 정도 되었다. 나는 학생
들에게 성경과 복음을 가르칠 수 있어서 너무 기뻤다. 또한, 강사료가 나
와서 재정적으로도 도움이 되었다.

난 학생들에게 기독교의 진리를 쉽고 재미있게 가르치기 위해서 노력
을 많이 했다. 과제물은 '기독교 영화 관람', '여동생 간증서 읽고 독후감
제출', '지역교회 예배드리고 보고서 쓰기' 같은 것을 내주었다. 그리고
조로 나눠서 내가 성경 본문을 가지고 먼저 설명을 해주고 거기에 따른

문제들을 내줘서 서로 토론을 하게 했다. 그리고 나중에 발표하게 했다. 그러다 보니 학생들도 성경의 내용을 더 자세히 알게 되었고, 그 말씀을 우리 삶에 어떻게 적용할 수 있을지를 생각하게 만들었다.

난 학생들을 가르치는 것이 너무 즐거웠다. 그래서 미국에서 박사학위를 받지 못한 것이 너무 후회되었다. 미국에 있을 때 연세대 교수님이 나에게 전화를 하셔서, "학위 받으셨냐고… 이번에 교목님을 새로 뽑는데 지원해보라고" 했을 때, 너무 아쉬웠다. 교목님과 기독 교수님들이 내가 학위 받고 돌아오기를 기다리셨는데… 천금 같은 기회를 놓친 것 같아서 후회를 많이 했다. 하지만 이미 지난 일을 다시 돌이킬 수도 없고, 이렇게라도 학생들을 가르칠 수 있어서 감사했다.

그런데 인생은 내 마음대로, 계획대로 되지 않는다. 관동대학교가 그만 가톨릭 재단으로 넘어가 버리게 되었다. 그래서 기독교 학과들도 다 폐지되고 결국 교목님, 기독교 학과 교수들 그리고 강사들까지 모두 그만둬야 했다. 정말 너무 안타까웠다. 그 학교를 통해서 이제까지 수많은 학생들이 기독교를 접할 수 있었는데… 큰 황금어장을 잃게 되어서 너무 속이 상했다. 그렇게 해서 나의 교수 생활도 1년하고 종지부를 찍게 되었다. 정말 우울하고 슬펐다.

인생은 항상 변수가 존재한다. 내가 아내와 떨어져서 살게 되었다. 왜냐하면, 국제학교에 기숙사가 없어서 아내가 아이들을 데리고 방을 얻어야 했기 때문이다. 그래서 아내가 주말에 내려오는 주말부부 생활을 하게 되었다. 솔직히 처음에는 자유를 얻은 것 같아서 좋았다. 내 시간도 많이 나고, 뭘 해도 잔소리하는 사람도 없으니까 오랜만에 해방감을 느꼈다. 그리고 일주일 만에 만나니까 더 반갑고 그랬다.

그런데 시간이 지날수록 아내, 아이들과 떨어져 사니까 힘이 들었다. 하나님이 돕는 배필로 붙여줬는데 아내의 빈자리가 너무 큰 것이다. 특히 개척교회에서 사모가 하는 역할은 상당히 크다. 그런데 공백이 생기니까 성도들도 싫어하고 뭔가 목회가 삐거덕거리는 것처럼 느껴졌다. 아내가 챙겨주지 못하니까 건강도 점점 안 좋아지기 시작했다. 매일 아침을 교회 앞의 김밥집에서 사 먹었는데… 질리도록 많이 먹었다. 아내도 나와 교회 때문에 걱정이 많았다. 그렇다고 아이들끼리 내버려둘 수도 없고 어떻게 해야 할지 답이 없었다.

세상에서 제일 힘든 것 중의 하나가 사람과의 관계다. 이것도 내 마음대로 안 된다. 강릉에 와서 개척하면서 교단 어르신의 심기를 불편하게 해드렸다. 그래서 '괘씸죄'에 걸렸다. 목사들 세계에선 '괘씸죄'가 제일 무섭다. 자기가 속한 교단에서 힘 있는 목사의 눈 밖에 나는 것이 괘씸죄다. 그러면 모든 길이 막힌다. 교회와 내가 노회 가입을 해야 하는데 못 하게 되었다. 그러면 교회도 나도 장로교 통합교단 소속이 될 수 없게 된다. 해결 방법은 몇 가지가 있다. 내가 장로교단을 떠나서 다른 교단으로 가거나, 아니면 독립 교단에 가입하는 것이다. 그런데 별로 그러고 싶지 않았다. 나머지 방법은 그분과 화해를 하는 것이다. 그래서 난 여러 가지 방법으로 화해를 시도했지만 잘 안 되었다. 그러다 보니 나도 마음이 편치 않고 교단 가입 문제로 교회도 힘들었다.

내가 굳이 이런 얘기를 쓰는 것은, 개척을 준비하시는 분들은 이런 것을 염두에 두고 나 같은 경우가 없기를 바라기 때문이다. 또한, 인간관계로 갈등을 겪는 분들에게 내 얘기가 도움되기를 바란다. 개척하는 분들은 교회의 담임목사님과 좋은 사이를 유지한 채 개척을 해야 한다. 그리고 노회에 있는 목사님들과도 관계가 좋아야 한다. 그래야 개척할 때 도움도 받을 수 있다. 관계가 좋으면 만사가 오케이지만 나쁘면 만사가 막힌다. '나는 과연 이 문제를 어떻게 해야 할까? 얽히고설킨 인간관계의 실타래를 어떻게 풀어야 할까?'에 고민이 많았다.

2016년이 시작되고 난 여러 가지 문제를 가지고 기도원에 올라갔다. '앞으로 교회를 어떻게 할까?' 고민이 많이 되었다. 앞으로 애들 졸업하려면 몇 년이 더 지나야 하는데 아내와 떨어져서 계속 이렇게 살 수도 없고, 건강도 안 좋아지고, 그분과의 관계도 안 좋고… 등의 생각으로 머리가 복잡했다. 그래서 나는 하나님께 계속 '어떻게 하면 좋겠습니까?' 지혜를 달라고 기도했다. 기도 가운데 하나님께서 이삭이 우물을 팠는데 이삭의 반대자들이 우물을 내놓으라고 해서 그냥 양보하고 가는 말씀을 떠오르게 해주셨다. 그러면서 '모든 것을 내려놓고 떠나라'는 감동을 주셨다. 기도원 원장님과도 상담했는데 떠나는 것이 좋겠다고 하셨다. 아내도 기도하는데 내가 쓰러져서 피를 흘리는 모습을 보았다면서 빨리 정리하고 병원에 가보자고 했다. 그래서 모든 것을 내려놓기로 했다. 그러자 마음에 평안이 왔다.

난 두 가지가 마음에 걸렸다. 하나는 날 보고 온 성도님들께 너무 미안했다. 괜히 나 때문에 고생만 하고… 안 그랬으면 다른 교회에 가서 편안하게 신앙생활 했을 텐데…. 그래서 고민하다가 교회 운영위원들과 상의를 했다. 장로님과 권사님은 아쉬워했지만, 나의 사정을 이해해주셨다. 그래서 앞으로 교회를 어떻게 할 것인가를 의논했는데 새로운 목사님을 청빙하기로 했다. 그리고 떠나고 싶은 사람은 떠나도록 했다. 곧 후임 목사님을 위해 기도하면서 아는 목사님으로부터 소개받은 분께 목회를 넘겨드렸다.

또 한 가지 마음에 걸리는 것은 교단 어르신과의 관계였다. 마음 한편에서는 그냥 떠나자고 그러고, 다른 한편에서는 풀고 가자는 두 마음이 서로 싸우고 있었다. 그러던 어느 날 내가 잘 모르는 분이 교회에 찾아왔다. 내게 교단 어르신을 찾아가서 죄송하다고 말한 뒤 가서 화해하라고 했다. 그런데 그 말이 마치 하나님이 내게 하시는 말씀 같이 들렸다. 그래서 나는 교단 어르신을 찾아가기로 했다. 그리고 하나님께 화해할 수 있게 해달라고 간절히 기도했다. 만날 장소를 가는데 정말 발걸음이 떨어지지 않았다. 에서와 화해하기 위해서 찾아가는 야곱의 마음을 알 것 같았다.

"너희는 할 수 있거든 모든 사람과 더불어 화목하라"(롬 12:18).

그러나 로마서 12장 18절 말씀처럼 하나님이 화해하라는 감동을 주셨기 때문에 순종하는 마음으로 갔다. 그분과 만나서 무조건 "그동안 심려를 끼쳐서 죄송합니다"라고 고개 숙여 사과하고 용서를 구했다. 그분은 나를 앉혀놓고 30분 정도 설교를 하셨다. 묵묵히 듣고 다시 사과했다. 그리고 내가 강릉을 떠난다고 얘기했더니 그분이 놀라시는 것 같았다. 그러더니 어르신의 마음이 풀어져서 날 좋지 않게 대해서 미안하다고 그러시며 다음에는 좋게 만나자고 말씀하셨다.

　그렇게 헤어지고 나오는데 마음이 착잡했다. 아내한테 "내가 괜히 강릉에 와 개척해서 이런 고생과 수모를 당하는 것 같다"고 했더니 아내가 기도하는데 하나님께서 "지금은 너희가 모르지만 언젠가는 모든 것을 알게 될 것이다"라고 했다면서 자책하지 말라고 위로해주었다. 그렇게 해서 2년 6개월의 개척목회를 마치게 되었다. 나는 이제 무엇을 어떻게 하고 살아야 할까? 그래서 난 「내일 일은 난 몰라요」라는 찬양을 좋아한다.

내일 일은 난 몰라요

내일 일은 난 몰라요 하루하루 살아요
불행이나 요행함도 내 뜻대로 못해요
험한 이길 가고 가도 끝은 없고 곤해요
주님 예수 팔 내미사 내 손잡아 주소서
내일 일은 난 몰라요 장래 일도 몰라요
아버지여 날 붙드사 평탄한 길 주옵소서

좁은 이 길 진리의 길 주님 주님 가신 그 옛길
힘이 들고 어려워도 찬송하며 갑니다
성령이여 그 음성을 항상 들려주소서
내 마음은 정했어요 변치 말게 하소서
내일 일은 난 몰라요 장래일도 몰라요
아버지여 아버지여 주신 소명 이루소서

만왕의 왕 예수께서 이 세상에 오셔서
만백성을 구속하사 참 구주가 되시네
순교자의 본을 받아 나의 믿음 지키고
순교자의 신앙 따라 이 복음을 전하세
불과 같은 성령이여 내 맘에 항상 계셔
천국 가는 그 날까지 주여 지켜주옵소서

하나님! 절 데려가 주세요!

2005년부터 2016년 3월까지 정말 쉬지 않고 달려왔다. 3년의 유학 생활, 5년의 이민목회 그리고 2년 6개월의 개척목회. 어느 것 하나 쉬운 것이 없었다. 나는 몸과 마음이 많이 지쳤고, 탈진된 것처럼 기력이 없었다. 걸으면 숨도 차고 뭔가 몸이 이상 신호를 자꾸 보내왔다. 그래서 대학병원에 가서 여러 가지 검사를 받았다. 피검사 결과가 나왔는데 헤모글로빈 수치가 정상인 사람은 14~16인데, 난 6점대 밖에 나오지 않았다. 빈혈이 너무 심해서 숨이 찬 것이라고 의사가 말했다. 그래서 수혈을 받아야 했다. 몸이 전체적으로 너무 안 좋았다. 혈소판과 백혈구 수치도 낮고, 비장도 많이 부어있고, 간경화에 정맥류에… 몸이 만신창이가 되어있었다.

의사가 내시경으로 내 식도와 위를 관찰하더니 예전에 위 수술한 부위에 혈관이 노출되어있는데 그곳에서 조금씩 출혈이 있어 내시경 지혈술을 하겠다고 했다. 수면이 안 된다고 해서 비수면으로 30분가량 그냥 했는데 너무 고통스러웠다. 다시 옛날의 악몽이 떠올랐다. 그렇게 시술을 받고 병실로 돌아왔는데 계속 혈변을 누게 되었다. 그리고 피를 토하기 시작했다. 혈압이 떨어지고 난 어지러워 쓰러질 뻔했다. 아내는 내가 피를 토하자, 너무 놀라서 어쩔 줄 몰라 했다. 그리고 울면서 하나님께 살려달라고 기도했다.

나는 너무 고통스러워서 이제 이 세상을 정말로 떠나고 싶었다. 그래서 하나님께 '나를 완전히 고쳐주지 않는다면 데리고 가달라'고 기도를 수차례 드렸다. 이제 병이 지긋지긋하고, 천국에서 편안히 쉬고 싶었다. 가족들에게는 정말 미안하지만 내가 있어 봤자 짐밖에 되지 않는 것 같았다. 그리고 하나님께 가족들을 부탁하는 기도를 드렸다. 죽으면 보험 회사에서 보험금이 나오고 여동생과 아버지가 좀 도와줄 것이라 생각했다.

아내는 밤새 나를 간호하느라 잠을 제대로 자지 못했다. 아내는 내게 "혹시 하나님께 데리고 가달라고 기도했냐?"고 물었다. 난 깜짝 놀랐다. '내가 속으로 기도했는데 어떻게 알았지?' 아내가 하나님께서 가르쳐주셨다면서 "당신이 죽으면 나와 아이들은 어떻게 사냐"고 했다. "하나님께서 내가 사명이 있기 때문에 아직 데려가지 않는다"라고 전해줬다고 했다. 새벽에 환상 중에 예수님이 나에게 찾아오셔서 아픈 부위에 손을 대 기도해주시고 아내에게 "괜찮다"라고 하는 음성을 들려주었다고 한다. 그래서 난 회개 기도를 하고 아내에게 미안하다고 했다. 그리고 아내의 기도대로 토요일 오전에 색전술로 내부 출혈을 막았다. 그래서 다시 한번 죽다가 살아나게 되었다.

> "내 영혼아 여호와를 송축하라 내 속에 있는 것들아 다 그의 거룩한 이름을 송축하라. 내 영혼아 여호와를 송축하며 그의 모든 은택을 잊지 말지어다. 그가 네 모든 죄악을 사하시며 네 모든 병을 고치시며. 네 생명을 파멸에서 속량하시고 인자와 긍휼로 관을 씌우시며"(시 103:1-4).

병원에서 퇴원하고 집에서 계속 쉬었다. 일단 출혈을 막았지만 아직

정맥류가 언제 터질 줄 모르는 위험한 상황이었다. 예전에 갔던 병원은 내시경 시술을 받다가 혼이 나서 다시는 가고 싶은 마음이 생기지 않았다. 그래서 아내와 나는 식도정맥류의 최고 전문가를 인터넷으로 검색해서 마침내 의사 선생님을 찾았다. 어렵게 난 그분을 찾아가서 진료를 받았다. 내 상태를 보시더니 정맥류가 너무 심하다면서 빨리 입원 치료를 받으라고 했다.

나는 고등학교 때 내시경 시술의 악몽이 떠오르면서 정말 받고 싶지 않았다. 하지만 치료하려면 어쩔 수 없이 받아야 했다. 그런데 의술이 그동안 많이 발전했는지 의사 선생님은 위와 식도에 있는 정맥류 18군데를 묶는 시술을 20분 만에 그야말로 순식간에 했다. 그런데 시술 후에 계속 배가 아프고, 속이 미식 거리고, 토할 것 같아서 정말 답답했다. 한마디로 죽고 싶다는 생각만이 들었다. '왜 사는 게 이렇게 고통스러운지…', '왜 나는 술도, 담배도 안 하고 모범적으로 살았는데 간에 문제가 생기고 이런 고통을 당해야 하는지…', '수십 년 동안 치료해달라고 기도했는데 하나님은 왜 치료해주지 않으시는지…' 그리고 '꼭 이렇게 의술을 통해서 고통스러운 방법을 사용해야 하는지…'. 정말 모든 것이 혼란스럽고 괴로웠다.

마음 같아서는 이 고통스러운 세상을 떠나서 질병도 고통도 없는 천국으로 가고 싶었다. 하지만 남아있는 가족들을 생각하니 도저히 그럴 수가 없었다. 주님도 십자가를 지지 않았던가…. 그래야 우리 죄가 용서되고, 우리가 구원을 받을 수 있기 때문에, 그 고통을 당하지 않았던가…. 주님의 십자가 의미가 마음 깊이 다가왔다. 주님이 십자가 앞에서 얼마나 고통스러웠는지, 그 십자가를 얼마나 피하고 싶었는지 조금이나마 공감이 갔다.

하나님에 대해 섭섭함이 들면서도 한편으로 감사한 것은 이제까지 죽을 고비를 몇 번 넘겼는데 그때마다 명의를 만나서 기적적으로 살아났다는 것이다. 이번에 나를 시술해준 의사 선생님은 내시경 치료의 국내 최고 권위자시다. 내가 이분을 만나지 않았다면 큰일 날 뻔했다. 그래서 난 몸이 아픈 분들에게 최고로 실력 좋은 의사를 찾아가라고 말한다. 그동안 의료사고로 잘못된 사람들의 사례를 주변에서 여러 번 보았다. 내 여동생도 얼굴과 손에 화상을 입고 의사가 죽는다는 말에 내버려 둬서 심한 흉터가 남았다. 나중에 원주기독병원에 갔는데 의사가 "왜 이렇게 늦게 왔냐"라면서 "바로 왔으면 이렇게 흉터가 심하지 않았을 것이다"라고 얘기했다. 그러므로 어떤 의사를 만나느냐에 따라 인생과 운명이 바뀐다.

퇴원한 이후에 난 한동안 음식 넘기기가 힘들었다. 아주 부드러운 음식을 조금씩 먹어야 했다. 그리고 3주 후에 또 한 번 내시경 시술을 했는데 이번에는 아홉 군데를 치료받았다. 그렇게 해서 일단 급한 곳은 모두 치료했고 쉬면서 몸 관리를 잘하라고 했다. 이 병은 너무 무리해도 안 되고, 스트레스를 많이 받아도 안 되고, 절대 안정을 취해야 했다. 그래서 난 앞으로는 스트레스받지 말고, 싸우지 말고, 기쁘고 즐겁게 행복하게 살자고 다짐했다. 짧은 인생 뭐하러 아웅다웅 싸우면서 살 것인가…. 하루하루 감사하며 기쁘게 살자! 사랑하며 살자!

"항상 기뻐하라. 쉬지 말고 기도하라. 범사에 감사하라 이것이 그리스도 예수 안에서 너희를 향하신 하나님의 뜻이니라"(살전 5:16-18).

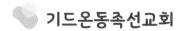# 기드온동족선교회

병원에서 퇴원 후에 집에서 쉬면서 건강관리를 했다. 원래 몸이 약했는데 나이가 40대 후반으로 접어드니 몸이 여기저기 고장 나기 시작했다. 내 육체의 연약함을 바라보면서 '이제 내 인생도 여기서 끝이구나…' 하는 생각이 들었다. 이 몸으로 목회는 도저히 못 하니, 내가 할 수 있는 일이 없어 보였다. 한창 일할 나이에 이게 뭔가 하는 자괴감이 들었다. 병든 남편에게 시집와서 이제까지 고생만 한 아내에게 너무 미안했다. 아이들도 한창 공부할 나이인데 경제적으로 힘들어서 뒷바라지도 못 해주고, '아버지 자격이 없구나' 하는 생각이 들었다. 부모님이 4남매를 키우느라 너무 고생해서 나에게는 애를 하나만 낳으라고 하셨는데… '셋이나 낳아서 이 고생을 하는구나' 하는 생각도 들었다. 유학 갔다가 와서 빌빌거리니 아버지한테도 너무 죄송스러웠다. 평생 효도 한번 못 해드리고… 마음고생만 시켜 드리는구나…. 이래저래 마음이 괴롭고, 마치 인생을 다 산 사람처럼 난 무기력해졌다.

내가 중년의 위기를 겪고 있는 건가? 40대 후반이나 50대 초에 조기 은퇴한 가장들의 마음을 알 것 같았다. 나는 현실을 직시하고 사는 것이 너무 괴로워서 한동안 판타지 소설에 빠져 살았다. 그 안에는 나처럼 실패한 인생들이 특별한 능력을 얻어서 승승장구하는 장면들이 많이 나온다. 마치 내가 주인공이 된 것처럼 대리만족을 느끼게 되었다. 소설을 읽는 동안은 괴로운 현실을 잊을 수 있었다. '내 인생도 반전이 일어나면 얼마나 좋을까?' 하고 부러워했다. '나는 이제 뭘 하며 살아야 할까?'.

추수감사절을 맞이해 내가 출석하는 교회에서 한 주간 특별새벽기도회를 했다. 그래서 난 작정하고 앞으로의 진로를 놓고 기도했다. 그런데 시애틀에서 북한선교를 하는 박상원 목사님이 한국에 오셔서 내게 연락을 했다. 그동안 한국지부장 하던 목사님이 그만둬서, 나보고 지부장을 맡아달라고 부탁하셨다. 난 고민이 되었다. 북한선교는 전혀 생각지도 못했기 때문이다. 그런데 작정기도 뒤에 이런 연락이 와서 뭔가 하나님의 부르심 같이 느껴졌다. '내가 과연 잘할 수 있을까? 이 사역이 나에게 맞을까?' 등의 생각도 들었다.

그래서 일단 박 목사님과 함께 집회도 다녀보고 중국도 방문하면서 하나님의 인도하심이 어디에 있는지 좀 더 알아봐야겠다고 생각했다. 그 후부터 박 목사님을 따라서 지방으로 집회를 다녔다. 박 목사님은 기드온동족선교회가 하는 일이 무엇인지 그리고 그동안 하나님이 어떻게 역사하셨는지를 증언하였다. 메시지를 들으면서 하나님이 북한 땅을 사랑하시며 그들의 영혼을 구원하기 위해서 지금도 일하고 계심을 느꼈다. 그동안 집에만 있다가 오랜만에 밖에 나가서 많은 사람을 만나서 교제하는 것도 좋았다.

나는 박 목사님을 따라 처음으로 중국에 갔다. 연길공항에 도착했는데 선교회에서 후원하는 전도사님이 마중을 나오셔서 차로 훈춘으로 이동했다. 가는 길에 단둥으로 돌아서 갔는데 북한과 두만강 하나를 사이에 두고 가장 가까이 있는 지역이라고 했다. 그런데 저녁이라 컴컴해서 아무것도 보이지 않아 좀 아쉬웠다. 북한 쪽은 거의 불빛 한 점 찾아보기 힘들 정도로 캄캄했다. 마치 북한의 현실을 보는 듯했다.

저녁 6시쯤에 전도사님 부부가 운영하는 빵집에 도착했다. 이곳을 기지로 해서 북한 어린이들에게 빵과 약품 그리고 옷과 쌀 등이 공급된다. 빵집은 주변 사람들에게도 빵을 팔고 있었다. 훈춘의 밤거리는 네온사인이 번쩍이는 한국의 도시와 비슷했다. 불과 몇 년 사이에 이렇게 발전했다고 한다. 10년 전만 해도 허허벌판에 저녁이 되면 불빛을 찾아보기 힘들었지만 이제 인구 30만의 발전하는 도시로 바뀌고 있었다. 러시아, 북한, 중국의 접경지역이라는 특징 때문에 앞으로 많은 잠재력을 가지고 있어 중국 정부에서 계획적으로 개발하고 있다고 했다. 빵 공장을 견학하고, 그곳에서 만드는 빵도 맛보고, 가지고 온 물건들도 전달했다. 그리고 옷 구매비용도 전달해주었다.

전도사님 부부는 조선족 크리스천으로서 오래전부터 북한선교를 할 수 있게 해달라고 기도했는데 그들을 하나님이 훈춘으로 인도해주셨다. 조선족 교회를 맡아서 목회도 하고 있었는데 성도 수는 약 30명 정도 된다. 매일 새벽기도를 빠지지 않고 드리고 있었다. 그리고 두 부부는 북한에 정기적으로 드나들면서 물품도 전달하고 북한 복음화를 위해서 노력하고 있었다. 부인의 부모님은 20년 전부터 북한에 드나들면서 선교 활동을 해왔는데 잡혀서 모진 고문을 당하다가 가까스로 풀려나왔다. 중국의 1억2,000만 크리스천들과 연변에 있는 조선족 믿음의 식구들 그리고 남한에서 온 선교동역자들이 북한 접경지역에서 그동안 많은 탈북자를 도와주었고, 복음화를 위해서 직간접적으로 노력해왔다. 난 현지인 사역자들에게 북한선교에 관한 얘기를 들으니 더욱 실감이 났다.

박 목사님은 2011년에 훈춘에서 북한 노동당 간부였다가 기독교로 개종해서 지하교회 활동을 해왔던 김길남 씨를 만났다. 그분은 자신이 그동안 북한에서 어떻게 살아왔는지, 예수를 어떻게 믿게 되었고, 지하교회 활동을 어떻게 했는지를 자세하게 수기로 적어놓은 노트 2권을 박 목사님께 주었다. 그 수기를 책으로 출판해서 많은 사람에게 전해달라고 부탁받고 출판한 책이 『굶주림보다 더 큰 목마름』, 『빛은 그를 외면하지 않았다』이다. 이 책이 출판되고 나서 박 목사님은 더 활발하게 집회와 방송을 통해 북한의 지하교회 실상을 알려왔다.

> "내가 또 주의 목소리를 들으니 주께서 이르시되 내가 누구를 보내며 누가 우리를 위하여 갈꼬 하시니 그때에 내가 이르되 내가 여기 있나이다 나를 보내소서 하였더니"(사 6:8).

나는 박 목사님을 따라다니면서 그동안 선교회가 어떻게 사역해왔는지 좀 더 자세하게 알 수 있었다. 중국의 호텔에서 하룻밤 묵고 아침에 일어나서 성경을 열어 큐티를 하는데, 이사야 6장 8절이 마음에 와닿았다. 그러면서 하나님이 나를 북한선교로 부르고 있다는 마음이 들었다. 그래서 기드온동족선교회 한국지부장을 하겠다고 박 목사님께 말씀드리고 지금까지 사역하고 있다.

기드온동족선교회는 2008년 박 목사님을 중심으로 미국 시애틀에서 소수의 후원자가 모여서 출발한 비영리단체다. 선교회는 다음과 같은 일을 하고 있다. 첫째, 북한 보육원의 어린이들에게 매달 영양빵 5,000개를 공급하고 있다. 둘째, 봄과 가을에 북중 접경지역에서 의료선교를 한다. 현재는 중국 정부의 감시가 심해서 중단했다. 셋째, 선교회에서 출판한 책들을 보급하여 지하교회의 실상을 알리고 있다. 넷째, 지하교회에 북한말 성경 mp3와 극동방송을 청취할 수 있는 단파 라디오를 보급하고 있다. 다섯째, 윤학렬 영화감독과 함께 선교회에서 출판한 책을 영화로 만들기 위해서 준비하고 있다. 여섯째, 후방에서 한국과 미국의 교회를 일깨우는 선교집회를 하고 있다. 일곱째, 통일 전문가들을 네트워크해서 미주 지역을 중심으로 세미나를 열고 있다

나는 한국지부장으로 다음과 같은 일들을 하고 있다. 첫째, 박 목사님이 봄, 가을로 한국에 들어오면 집회를 할 수 있도록 교회를 연결하고, 또 함께 집회를 다니고 있다. 그리고 박 목사님이 없는 기간에는 내가 집회를 하고 있다. 둘째, 한국의 후원교회와 개인 후원자들을 관리하고 있다. 셋째, 책들을 판매하고 보급하는 문서선교를 하고 있다. 넷째, 박 목사님이 지시하는 여러 가지 일들을 돕고 있다.

하나님은 항상 나를 전혀 예상하지 못한 길로 인도하셨다. 대학교 교목실의 전임전도사 사역, 강릉의 부목사 생활, 미국 유학, 이민목회, 개척목회 그리고 북한선교를 하기까지 나는 하나님의 인도를 따라왔다. 앞으로 하나님께서 나를 어떻게 인도하실지 기대가 된다. 시편 23편은 내 삶의 고백이자, 신앙의 고백이다.

"여호와는 나의 목자시니 내게 부족함이 없으리로다. 그가 나를 푸른 풀밭에 누이시며 쉴 만한 물가로 인도하시는도다. 내 영혼을 소생시키고 자기 이름을 위하여 의의 길로 인도하시는도다. 내가 사망의 음침한 골짜기로 다닐지라도 해를 두려워하지 않을 것은 주께서 나와 함께 하심이라 주의 지팡이

와 막대기가 나를 안위하시나이다. 주께서 내 원수의 목전에서 내게 상을 차려 주시고 기름을 내 머리에 부으셨으니 내 잔이 넘치나이다 내 평생에 선하심과 인자하심이 반드시 나를 따르리니 내가 여호와의 집에 영원히 살리로다"*(시 23:1-6).*

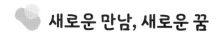

새로운 만남, 새로운 꿈

"오랫동안 꿈을 그리는 사람은 마침내 그 꿈을 닮아간다."

- 앙드레 말로

하나님은 사람을 통해서 일한다. 모세를 통해서 이스라엘 백성을 애굽에서 탈출시켜서 가나안 땅으로 인도하셨다. 사도 바울을 통해서 유럽을 복음화시키셨고, 13권의 서신서를 남기게 하셨다. 지금도 수많은 사람을 하나님의 사람으로 부르셔서 그들이 하나님의 나라를 확장케 하시고 하나님의 뜻을 이루게 하신다. 그러므로 사람이 중요하다. 하나님의 일은 독불장군식으로 혼자 할 수 없다. 서로 협력하여 하나님의 뜻과 선을 이루어나가야 한다. 나는 이 진리를 인생에서 온몸과 마음으로 체득했다. 그래서 난 항상 좋은 만남을 위해서 기도한다. 사람은 누구를 만나느냐에 따라서 인생이 바뀐다. 이제까지 내 인생은 좋은 만남을 통해서 변화되었다.

몇 년 전에 하나님께서 좋은 만남을 주셨다. 그분은 박성배 목사님이다. 16년 전에 영종도에 들어가서 교회를 건축하다 빚을 져서 이루 말할 수 없는 고난을 겪으셨다. 주변의 모든 사람이 떠나가고, 빚에 짓눌리고, 살 소망까지 끊어져서 죽으려고까지 했던 분이다. 하지만 삶의 고비마다 하나님의 음성을 듣고 다시 일어서셨다. 그리고 도서관에서 10,000여 권이 넘는 책을 읽으면서 그의 뇌는 혁명이 일어났고, 책을 줄지어 15권 출간하면서 그의 인생이 변화되었다. 넘어져서 아무도 일어나리라 생각하지 못했지만, '믿음, 책, 꿈, 사람'의 도움으로 마침내 일어났다. 그리고 지금은 작가·방송인·강연자·책코칭으로 새로운 인생을 살고 있다. 그뿐만 아니라 인천공항 인근에 세계선교센터인 한우리미션밸리와 선교적 교회를 세우는 비전을 가지고 믿음의 행진을 하고 있다.

나는 우연한 기회에 박성배 목사님을 만나게 되었다. 그분이 쓴 『인생건축술』, 『꿋꿋이 나답게 살고 싶다』, 『크리스천을 위한 책 쓰기 미션』, 『내 인생을 다시 쓰는 책 쓰기』 등을 읽으면서 나도 새로운 꿈을 꾸게되었다. 내 안의 질병을 바라볼 때는 아무 소망이 없었지만, 하나님을 바라보고 넘어졌다가 일어선 믿음의 사람을 보니 새로운 소망이 생겼다. 나 혼자 일어서는 것은 힘들지만 넘어졌다가 일어선 사람이 손을 붙들어주니까 용기와 자신감이 생겨났다. 이제까지 많은 분이 나를 위해서 기도해주었고, 물심양면으로 후원을 해주었다. 그분들의 성원에 힘입어서 다시 일어서서 믿음의 행진을 계속해야겠다는 다짐을 해본다.

내가 좌절과 실의에 빠져있을 때 아내는 나를 위해 기도하면서 하나님의 음성과 비전을 알려주었다. 하나님께서는 아내에게 환상 중 내가 오케스트라를 지휘하는데 이제 1막이 끝나는 것을 보여주셨다. 그리고 잠시 쉰 다음 내가 2막을 아주 훌륭하게 지휘하고 무사히 마치는 모습을 보여주었다. 아내는 나에게 "지금은 1막을 마치고 중간에 쉬는 시기다. 이제 곧 인생 2막이 시작될 것이다. 그러니 믿음과 용기를 가지라"고 격려해주었다. 아내는 하나님이 나에게 준 최고의 선물이고, 날 지켜 준 천사다. 그녀에게 진심으로 감사한다. 아플 때나 슬플 때나 언제나 내 옆에서, 나를 위해 기도해주고 붙들어주고 격려해주는 그녀는 나의 영원한 사랑이다.

난 이제 53살이 되었다. 이제부터 인생의 후반전을 시작하려고 한다. 그래서 전반전의 삶을 돌이켜 보면서 믿음의 고백을 남기고 싶다는 생각이 들었다. 나는 큰 부흥을 이룬 목회자도 아니다. 대단한 업적을 세운 사람도 아니다. 여러 가지로 부족한 인생이지만 하나님의 넘치는 은혜를 받았고, 그 은혜로 지금까지 살아가고 있다. 난 그 은혜를 증거하고 싶다. 그것이 이제까지 하나님께서 내게 베풀어주신 은혜를 조금이라도 갚는 길이라고 믿는다. 그래서 이 책을 쓰게 되었다. 나는 이제 후반전에 이룰 앞으로의 비전을 기록하고 싶다. 기록하면 이루어진다는 말이 있다. 그래서 나의 비전을 기록으로 남기려고 한다.

첫째, 난 복음 통일의 비전이 있다. 남북전쟁 이후 70년이 흘렀다. 우리나라는 세계에서 유일한 분단국가다. 북한의 핵 위협 속에서 한반도 정세는 매우 불안하다. 북한은 계속해서 미사일을 쏘고 핵실험을 하려고 한다. 우리 믿는 사람들은 이럴 때 어떻게 해야 할까? 나라와 민족을 위해서 기도해야 한다. 그리고 통일을 위해서 준비해야 한다. 하나님은 언제든지 통일을 이룰 준비가 되어있다. 하지만 우리가 준비되지 않아서 아직 분단국가로 남아있는 것이다. 난 기드온동족선교회 한국지부장으로서 비록 부족하지만 복음 통일을 위해 할 수 있는 것을 계속하려고 한다. 북한 지하교회 성도들, 탈북민, 아이들을 돕고 남한 성도들을 영적으로 깨워 복음 통일을 위해서 일어나게 하려고 한다.

북한에는 지하에서 은밀하게 예수를 믿는 사람들이 있다. 그리고 그

수는 점점 늘고 있다. 예수를 믿는 사람들이 갑자기 증가한 데는 이유가 있다. 90년 중반 고난의 행군 때 수많은 사람이 굶어서 죽었다. 그들은 살기 위해 탈북을 했다. 그때 북중 접경지역에서 선교사들이 그들에게 복음을 전했다. 복음으로 변화된 탈북민들이 다시 북한으로 들어가서 복음을 전했고 그렇게 예수를 믿는 사람들이 늘어나게 되었다. 그들은 잡히면 고문당하고 사형을 당함에도 불구하고 목숨 걸고 믿음을 지키고 있을 뿐만 아니라 은밀하게 복음을 전하고 있다. 그들은 믿음의 전사들이다. 통일되면 그들과 남한의 성도들이 협력해서 북한 전역에 교회를 세우고 하나님의 나라를 확장해나갈 것이다. 그날을 바라보면서 통일 한국을 준비하려고 한다.

둘째, 난 세계선교의 비전이 있다. 예수님은 온 땅에 복음을 전하라고 하셨다. 난 대학 졸업 후 3년 동안 세계여행을 하려고 했다. 하지만 건강이 좋지 않아서 포기했다. 하지만 이제는 세계여행이 아니라 선교여행을 할 것이다. 선교지에 가서 복음을 전하고 박성배 목사님과 함께 '책쓰기 코칭'을 하고 싶다. 선교사님들은 각자 하나님께 받은 은혜와 선교지에서 사역하면서 했던 경험들이 있다. 그것을 기록으로 남기지 않으면 잊혀버리고 만다. 그것을 남겨서 후대에 전해주어야 한다. 그러므로 책코칭 사역은 너무 중요하다. 코로나 전에 박성배 목사님은 베트남에 책코칭 세미나를 다녀왔다. 그곳에서 십여 명의 선교사님들을 코칭해주고 그분들이 쓴 글을 묶어서 공저로 냈다. 『인생미션』이라는 책인데 나도 저자로 참여해서 2020년에 출판되었다. 그 책을 가지고 활동하려고 했는데 코로나가 터지는 바람에 모든 것이 중단되었다.

셋째, 난 작가가 되어서 많은 사람에게 영향력을 끼치고 싶다. 쉬는 동안에 주변 사람들이 책을 써보라고 권면했다. 그래서 나도 책을 써 보려고 주변에 책코칭 세미나를 알아보았지만 거의 다 세상 작가들이 하는 곳이었다. 그들은 영적 세계를 모르기 때문에 믿음의 책을 가르쳐줄 수 없다. 그래서 혼자 써 보려고 책 쓰기에 관한 책을 여러 권 읽어보았지만, 엄두가 나지 않았다. 하지만 박성배 목사님이 가르쳐주셔서 용기를 얻어 책을 쓰게 되었다. 박성배 목사님은 13년 동안 인문학 서적을 만여 권 읽으셔서 내공이 탄탄하다. 또한, 수십 명을 코칭해서 책을 펴낸 경험이 있다. 그래서 아주 든든하다. 목사님 덕분에 지난번에 공저로 참여하게 되었고, 공저를 좀 더 다듬어서 단행본을 내려고 지금 이 글을 쓰고 있다. 이 책 이후로도 계속 독서와 글쓰기로 필력을 높여 책 쓰기에 도전하고 싶다.

넷째, 최근에 하나님께서 '기드온의 300 용사'와 같은 인재를 양성하라는 비전을 주셨다. 한국교회는 영적 침체기를 맞아서 젊은이들과 주일학교들이 점점 사라져 가고 있다. 고령화와 저출산의 영향으로 이런 식으로 가면 10년 후 한국교회는 유럽과 미국교회처럼 될 것이다. 현재 우리나라는 처리해야 할 문제들이 많은 상황이고, 미래 전망도 그리 밝지만은 않다. 지금 가장 절실한 것은 차세대 한국교회와 우리나라를 이끌 탁월한 리더를 키워내는 것이다. 요셉, 다니엘, 모세, 다윗 같은 인재들이 그 어느 때보다 절실하다. 앞으로 뜻이 맞는 분들과 함께 기독교 신앙과 사상으로 무장한 인재들을 키우는 학교를 세우고 싶다.

복음이란 무엇인가?
예수를 믿으면
어떤 일이 생기는가?

● 복음이란 무엇인가?

　복음은(Good News) 모든 사람에게 주는 복된 소식, 기쁜 소식, 좋은 소식입니다. 대중적으로 많이 사용되고 있는 전도지인 사영리로 복음에 대해서 설명해보겠습니다. 사영리(四靈理, The Four Spiritual Laws)는 예수 그리스도를 믿음으로 얻을 수 있는 구원의 좋은 소식을 전하는 하나의 방법입니다. 복음에 담겨있는 주요 내용을 네 가지 원리로 간단히 정리한 것입니다.

　사영리의 첫 번째 원리는 "하나님은 당신을 사랑하시며 당신을 위한 놀라운 계획을 가지고 계십니다"라는 것입니다(하나님은 우주 만물의 창조주이시며, 인간의 생사화복을 주관하시는 분이십니다). 요한복음 3장 16절에서는 다음과 같이 말합니다.

　　"하나님이 세상을 이처럼 사랑하사 독생자를 주셨으니 이는 그를 믿는 자마다 멸망하지 않고 영생을 얻게 하려 하심이라"(요 3:16).

　요한복음 10장 10절은 예수님이 오신 이유를 알려줍니다.

　　"내가 온 것은 양으로 생명을 얻게 하고 더 풍성히 얻게 하려는 것이라"(요 10:10).

하나님의 사랑으로부터 우리를 가로막고 있는 것은 무엇입니까? 우리가 풍성한 삶을 누리는 것을 방해하고 있는 건 무엇일까요?

사영리의 두 번째 원리는 "인간은 죄에 빠져 하나님과 분리되었습니다. 그 결과로, 우리의 삶을 향한 하나님의 놀라운 계획을 알 수 없게 되었습니다"라는 것입니다. 로마서 3장 23절에서는 다음과 같이 말합니다.

"모든 사람이 죄를 범하였으매 하나님의 영광에 이르지 못하더니"(롬 3:23).

로마서 6장 23절은 죄의 결과를 알려줍니다.

"죄의 삯은 사망이요"(롬 6:23).

최초의 인간인 아담이 하나님의 말씀에 불순종한 원죄로 말미암아 인간은 태어날 때부터 죄인이고, 그러므로 죄를 짓고 살게 됩니다. 세상에 죄를 짓지 않는 사람은 아무도 없습니다. 성경은 마음에 음욕과 미움을 품어도 죄라고 했습니다. 또한, 선을 행하지 않아도 죄라고 합니다. 그런데 그 죄의 결과는 너무나 비참한 것입니다. 하나님과의 관계가 단절됩니다. 육체와 영혼이 분리되는 죽음을 맞이합니다. 가장 비참한 것은 영원한 지옥에 떨어져서 고통받아야 한다는 것입니다.

인간은 죄를 지음으로 마귀의 종이 되었습니다. 마귀는 악한 영들 곧 귀신들의 우두머리인 사탄을 일컫습니다. 마귀는 초자연적인 능력을 소유하여 하나님의 일을 대적하고, 사람들을 죄로 미혹하며, 항상 사람들의 영혼을 노략질하려 합니다. 그래서 귀신은 인간 속에 들어가서 온갖 우환과 재앙을 가져다주고, 결국은 멸망하게 만듭니다(귀신에 대해서 더 알고 싶으면 『무당을 사랑한 목사』를 읽어보시기 바랍니다). 그렇다면 어떻게 죄와 마귀의 종살이에서 해방될 수 있을까요?

사영리의 세 번째 원리는 "예수 그리스도만이 우리 죄를 위한 하나님의 유일한 길입니다. 우리는 예수 그리스도를 통해서만 죄 사함을 받을 수 있고, 하나님과의 올바른 관계를 회복할 수 있습니다"라는 것입니다. 왜냐하면 예수님은 하나님의 유일한 아들로서 죄가 없는 분이시기 때문에, 인간의 죄를 대신해서 십자가에 피 흘려 죽으심으로 그 공로로 죄 사함을 받게 되는 것입니다. 로마서 5장 8절에서는 다음과 같이 말합니다.

"우리가 아직 죄인 되었을 때에 그리스도께서 우리를 위하여 죽으심으로 하나님께서 우리에 대한 자기의 사랑을 확증하셨느니라"(롬 5:8)

고린도전서 15장 3~4절은 우리가 구원받기 위해 무엇을 알고 믿어야 하는지 알려줍니다.

"...이는 성경대로 그리스도께서 우리 죄를 위하여 죽으시고 장사 지낸 바 되셨다가 성경대로 사흘 만에 다시 살아나사"(고전 15:3-4).

예수님은 친히 요한복음 14장 6절에서 자신만이 구원의 유일한 길이라고 선포하십니다.

"내가 곧 길이요 진리요 생명이니 나로 말미암지 않고는 아버지께로 올 자가 없느니라"(요 14:6).

그러면 어떻게 하면 이 놀라운 구원의 선물을 받을 수 있을까요?

사영리의 네 번째 원리는 "우리는 예수 그리스도를 구세주로 영접해야 합니다. 그러면 우리는 구원을 선물로 받을 뿐만 아니라 우리 각 사람을 향한 하나님의 놀라운 사랑을 알게 됩니다"라는 것입니다. 요한복음 1장 12절에서는 이렇게 보여줍니다.

"영접하는 자 곧 그 이름을 믿는 자들에게는 하나님의 자녀가 되는 권세를 주셨으니"(요 1:12).

사도행전 16장 31절은 이를 매우 분명히 말하고 있습니다.

"주 예수를 믿으라 그리하면 너와 네 집이 구원을 받으리라!"(행 16:31).

우리는 오직 은혜로, 오직 믿음으로, 오직 예수님을 통해서만 구원받을 수 있습니다.

"너희는 그 은혜에 의하여 믿음으로 말미암아 구원을 받았으니 이것은 너희에게서 난 것이 아니요 하나님의 선물이라. 행위에서 난 것이 아니니 이는 누구든지 자랑하지 못하게 함이라"(엡 2:8-9)

이제 예수님을 믿을 준비가 되었다면 다음 기도문을 믿음과 진심을 담아 기도해봅시다.

영접기도문

창조주가 되시며 사랑 많으신 하나님 아버지!
저는 죄인으로 태어났습니다.
이 죄인이 예수 그리스도를 나 개인의 구주로 믿고, 영접하오니,
제 안에 들어오셔서, 나의 모든 죄를 씻어 용서해주시고,
저를 구원하여 주시옵소서.

예수님을 믿지 않고, 지옥 갈 저를 천국으로 인도해주시기 위하여
하나님의 독생자, 예수 그리스도께서 성육신하여 인간의 몸으로
이 땅에 오셨습니다. 그리고 십자가에서 고난받으시며, 피 흘려 죽으시고,
사흘 만에 부활하셨습니다. 이제부터는 예수님을 나의 구원자로 믿고,
내 인생의 주인, 왕으로 모시고, 하나님 말씀대로 살기 원합니다.
주님께서 천국에 들어갈 때까지 항상 보호해주시고, 인도해주시옵소서.
하나님의 약속대로 예수님을 마음으로 믿고, 입으로 시인하오니,
저를 꼭 구원해주셔서, 하나님의 영광을 위하여 살다가,
주님이 부르시면, 주가 예비하신 천국에
들어가서 주님과 함께 영생복락(永生福樂) 누리게 하여 주시옵소서.

나의 주(主), 나의 구원자가 되시는,
예수 그리스도의 이름으로 기도드립니다. (아멘)

그러면 예수님을 내 삶의 주인과 구원자로 믿고 내 마음에 영접하면 어떤 일이 생길까요? 좋은 일들이 생깁니다. 그래서 복음은 굿뉴스, 즉 좋은 소식이고 기쁜 소식인 것입니다. 아래에 적은 것 외에도 많이 있습

니다. 독자 여러분 모두 예수를 믿음으로 새로운 삶, 복된 삶을 사시길 기도합니다.

예수님을 믿으면 생기는 일

1. 우주 만물의 창조주이신 하나님의 자녀가 됩니다.
2. 하나님 나라의 시민권을 소유하게 됩니다. 즉 죽어서 천국에 갑니다.
3. 하나님의 영인 성령과 은사들을 받게 됩니다.
4. 하나님께 기도하면 응답해주시며, 가장 좋은 것을 주십니다.
5. 마귀의 종에서 해방되고, 귀신들의 온갖 저주와 우환에서 자유를 얻게 됩니다.
6. 마음에 하나님의 사랑과 기쁨이 넘치게 되어서 행복한 생활을 하게 됩니다.
7. 여러 가지 어려움과 환난이 와도 이길 수 있는 믿음과 지혜를 주시고, 피할 길을 주십니다.

이제 주변에 평판이 좋은 교회를 찾아가서 신앙생활 잘하시길 바랍니다. 인생의 방황은 예수님을 만나면 끝이 나고, 신앙의 방황은 좋은 교회를 만나면 끝이 납니다!!

◉ 신학생과 부교역자 및 담임목회자에게 드리는 24가지 제안

1. 신학생은 학교공부에 충실하십시오. 기독교 고전과 신학 필수도서들을 반복해서 읽어서 완전히 내 것으로 만드십시오. 목회는 평생 하지만 공부는 학교에 있을 때 철저히 하지 않으면 기회가 없습니다. 교회사역은 졸업하고 해도 늦지 않습니다. 사역지에 일찍 나갈 생각하지 말고 공부, 공부하십시오. 신학은 목회의 기초와 뼈대입니다. 이것이 부실하면 나중에 목회현장에서 고생합니다.

2. 일반대학교를 졸업하고 신대원에 가는 것을 추천합니다. 일반대학교에서 인문학을 폭넓게 공부하십시오. 역사, 철학, 문학, 심리학 등등. 신대원에 가면 어차피 신학을 공부하게 됩니다. 만일 지금 신학대학을 다닌다면 7년 로드맵을 짜십시오. 신학에다가 자기가 공부하고 싶은 전문 분야를 접목하십시오. 신학 플러스 상담학. 신학 플러스 교육학 등등. 그렇지 않으면 시간 낭비를 합니다. 그리고 해당 분야의 전문 자격증 같은 것을 따놓으면 좋습니다.

3. 학교 다니면서 주말에 교회에 가서 열심히 봉사하고 배우십시오. 그런데 될 수 있으면 뭔가 배울 수 있는 교회로 가십시오. 저는 대학 다닐 때 집 가까운 교회에 다녔습니다. 그런데 그때 만일 온누리교회 같은 시스템이 잘되어 있는 교회에서 기초부터 철저히 배웠다면 제 목회가

달라졌을 것이라고 생각합니다. 그리고 전도사로 나가면 더 이상 배울 기회가 없습니다. 왜냐하면, 사역을 해야 하기 때문입니다.

4. 독서를 많이 하십시오. 설교자는 평생 공부하고 독서해야 합니다. 독서는 영감을 주고 언어 능력과 두뇌를 개발시켜줍니다. 그리고 폭넓은 지식을 얻을 수 있습니다. 찾아보면 독서클럽들이 많습니다. 그런 곳에 가입하면 더 효과적입니다. 혼자서 하면 오래가지 못합니다. 학부와 신대원 합해서 7년 동안 최소 1,000권 이상 독파하십시오. 독서를 통해서 인생 역전한 사람이 많습니다.

5. 상담과목 중에 정신건강, 이상심리학(Abnormal psychology), 그리고 대화법은 꼭 들어보십시오. 상담실습까지 하면 더 좋습니다. 사람을 이해하지 못하면 목회가 힘들기 때문입니다. 목회는 사람을 상대해야 하고, 그들과 소통을 잘해야 합니다.

6. 성경통독 세미나 같은 것을 들어서 성경을 관통하십시오. 목회자는 성경의 전문가가 되어야 합니다. 주제별, 인물별, 책별로 철저하게 공부하십시오. 언제 어디서도 강의할 정도로 공부하면 좋습니다.

7. 설교는 메시지와 커뮤니케이션 스킬과 성령의 역사가 합해졌을 때 명설교가 됩니다. 좋은 메시지를 가지고 정확하고 분명한 발음으로 성령의 능력으로 전달하게 되면 평생 교회에서 설교 때문에 고생할 일이 없습니다. 그리고 좋은 설교를 많이 듣고, 설교집을 많이 읽고, 그리고 설교를 필사하십시오. 명설교자는 하루아침에 만들어지지 않습니다.

8. 신대원 졸업 후에 전임전도사로 2년 사역해야 목사 안수를 받을 수 있습니다. 좋은 목사님, 좋은 교회에서 목회에 대한 모든 것을 철저하게 배우십시오. 그래서 자신이 생길 때 단독 목회를 나가십시오. 절대 서두르지 마십시오. 그래야 담임목사나 개척을 했을 때 실수를 줄일 수 있습니다.

9. 한 분야에 전문가가 되면 좋습니다. 자기가 좋아하고 은사가 있는 분야를 정해서 깊이 공부하십시오. 행정목사, 음악목사, 교육목사, 설교목사, 복지목사, 상담목사, 노인담당목사 등등. 모두가 담임목사가 될 수 없습니다. 앞으로 전문가가 살아남습니다. 개척 목회를 해도 전문 분야가 있으면 좋습니다.

10. 만일 개척을 생각한다면 전도와 양육은 전문가가 되어야 합니다. 그리고 분명한 목회 청사진이 있어야 합니다. 목사가 한 사람 한 사람 전도해서 양육해서 훌륭한 그리스도인을 만드는 것이 제일 좋은 방법입니다. 그러면 목회자가 하나님이 주신 비전을 마음껏 펼칠 수 있습니다. 사람을 모으는 데 초점을 두지 말고, 한 영혼이라도 전도해서 제대로 양육하자고 생각해야 합니다. 안 그러면 나중에 문제가 생기고 지칩니다. 개척해놓고 사람들이 오길 기다리는 시대는 지났습니다. 이제 목회자가 세상에 나가서 직접 전도해서 교회당을 채워야 합니다.

11. 유학을 준비한다면 한국에서 어학을 습득하고 가는 것이 좋습니다. 미국에 간다고 해서 영어가 저절로 늘지 않습니다. 특히 상담과 설교학 같은 것은 말하기와 듣기를 잘해야 합니다. 그리고 자기가 전공하고

자 하는 분야에 대해서 공부를 하고 가는 것이 좋습니다. 영어가 완벽하지 않으면 수업 내용을 제대로 이해하지 못합니다. 그리고 유학 비용을 미리 준비하는 것이 좋습니다. 저축을 하든가 아니면 후원자를 구하든가 하십시오. 충분한 재정이 있으면 일하지 않고 공부에 전념할 수 있어서 공부도 빨리 마칠 수 있습니다.

12. 박사를 생각한다면 하루라도 젊을 때 유학을 가야 합니다. 결혼해서 아이들까지 데리고 유학 가면 정말 힘듭니다. 공부에는 때가 있습니다. 하지만 석사는 상관없습니다. 제 책을 읽어보면 이유를 알게 될 것입니다.

13. 유학을 갈 형편이 안되면 외국의 사이버대학에 등록해서 공부해도 좋습니다. 한국에서도 얼마든지 온라인으로 공부해서 학위를 딸 수 있습니다. 혼자가 힘들면 영어를 잘하는 친구를 끼워서 스터디 그룹을 만들어서 하면 좋습니다.

14. 기회가 되면 성지순례를 꼭 다녀오십시오. 성경이 입체적으로 보입니다. 전 배낭여행을 했는데 이왕이면 전문 가이드와 함께하면 훨씬 좋습니다. 혼자서 가고 싶으면 사전에 철저히 공부하고 준비해서 가십시오. 이스라엘에 가면 키부츠 공동체가 있습니다. 그곳에서는 노동하면 약간의 돈도 벌고, 영어와 히브리어를 배울 수 있습니다. 그리고 주말에는 휴일이니 성지를 자세히 둘러볼 수 있습니다. 또한, 전 세계에서 온 청년들과 친구가 될 수 있습니다. 일 년 정도 휴학하고 가도 좋을 것 같습니다.

15. 이민목회를 하려면 일단 이민목회자 중에 목회를 잘하시는 목사님 밑에 가서 배우십시오. 한국식으로 하면 무조건 실패합니다. 이민자들을 이해하고 이민교회 생리를 알아야 합니다. 그리고 한국목회보다 훨씬 어렵다는 것을 알고 각오를 단단히 해야 합니다. 외국에서 오라고 한다고 해서 무조건 가면 안 됩니다. 내가 가고자 하는 교회를 철저히 확인해야 합니다. 제가 아는 목사님은 큰 교회를 담임하다가 외국에서 오라 한다고 갔다가 한 달 사이에 교회가 없어져서 한국으로 돌아가지도 못하고 미국에서 정말 고생 많이 했습니다.

16. 목회자는 절대 교만하면 안 됩니다. 내가 담임목회 하면 잘할 것 같지만 막상 해보면 그렇지 않습니다. 부교역자 때 교인들이 칭찬해주고 인정해 준다고 우쭐대면 안 됩니다. 부교역자는 맡은 일만 하므로 조금만 잘하면 내가 능력자라고 착각하기 쉽습니다. 하지만 담임목사는 모든 것을 책임지는 자리입니다. 교회에 무슨 일이 생기면 모든 화살이 담임목사에게로 갑니다. 담임목사는 부교역자와 비교하지 못할 정도로 어려운 자리입니다. 그러므로 부교역자는 담임목사님의 조력자가 되어야지, 자기가 뭔가 된 것처럼 자기 세력을 만들고, 사람들을 끌고 나가거나 교회에 파벌을 조성하면 안 됩니다.

17. 담임목사가 되고자 하는 사람은 두 가지를 잘해야 합니다. 우선 설교를 잘해야 합니다. 그래서 성도들에게 은혜를 끼칠 수 있어야 합니다. 성도들이 은혜받으면 웬만한 문제는 그냥 넘어갑니다. 그리고 지도력이 있어야 합니다. 교회공동체를 잘 이끌어가야 합니다. 담임목사가 되고 싶은 사람들은 리더십 책을 많이 읽고 관련 세미나도 참석하고, 그리고

작은 공동체라도 맡아서 지도자가 되는 경험을 해보십시오. 그래서 리더십 역량을 키워야 합니다. 리더를 한 번도 해보지 않은 사람이 어떻게 공동체를 이끌겠습니까? 리더는 태어나는 것이 아니라 만들어집니다.

18. 일반목회만 생각하지 마십시오. 교회 외에도 목회자가 활동할 수 있는 곳은 많습니다. 기업체, 학교, 병원, 군대, 선교단체, 기독교 기관 등등. 그런 곳에 일하려면 어떤 자격이 필요한 곳도 있습니다. 미리 알아보고 준비하면 좋습니다.

19. 자신만의 콘텐츠를 개발하고 만들어보길 추천합니다. 자기계발 서적을 많이 읽고, 책 쓰기를 시도해보십시오. 그러면 그 분야에 전문가가 되고, 나중에 강사로 나갈 수 있는 길이 열립니다. 저도 이제 깨닫고 시도하고 있습니다. 일찍 할수록 좋습니다.

20. 독불장군이 되지 말고 두루두루 인맥을 넓히십시오. 나중에 살면서 평생 자산이 됩니다. 목회현장에 가면 힘든 일이 많습니다. 그럴 때 동기들과 만나서 서로 교류하면 많은 힘이 됩니다. 그리고 하나님은 사람을 통해서 일하십니다. 만남을 소중히 여기고, 내 주변 사람들에게 최선을 다하십시오. "사람과 사람이 만나면 역사가 일어나고, 하나님과 사람이 만나면 기적이 일어납니다."

21. 인생 멘토, 목회 멘토를 반드시 만드십시오. 인생의 중요한 문제나 고민이 있을 때는 동기들이나 선배들하고 상의하지 마십시오. 생각하는 수준이 비슷합니다. 그리고 인생의 경륜이 짧아서 제대로 상담해줄 수

없습니다. 인생과 목회의 경륜이 있는 지혜 있는 분에게 상담하십시오. 저도 멘토가 없어서 많은 시간을 낭비하고, 방황했습니다.

22. 성령 충만한 목회자가 되어야 합니다. 아무리 다양한 지식과 경험을 쌓아도 성령이 없이 목회하는 것은 100% 실패합니다. 목회자에게 가장 큰 욕은 "성령 받지 말고 목회하라"입니다. 성령님과 인격적인 교제를 하는 훈련을 해야 합니다. 성령의 음성을 듣고, 그분의 인도하심에 순종하고, 그분의 능력을 항상 의지하는 훈련을 해야 합니다. 그래야 성령의 열매를 맺을 수 있습니다.

23. 목회지를 구할 때 내가 지원하고자 하는 곳에 준비가 되었는지를 확인하십시오. 다음에는 책에서 나왔듯이 "구하고 찾고 두드리십시오". 하나님이 인도하신 곳에 가서는 어떤 일이 맡겨지든 "최선을 다하고 충성하십시오". 그곳에서 인정받으면 하나님께서 "더 큰 일"을 맡겨 주십니다. 그리고 하나님의 사인이 없으면 사역지를 옮기지 마십시오. 그리고 사역지를 그만둘 때 마무리를 잘하고 덕을 세워야 합니다. 그래야 다음 사역지가 쉽게 열립니다.

24. 마지막으로 목회는 신체적, 정신적, 영적으로 건강해야 합니다. 전부목사로 일하기 전까지 목사가 그렇게 일을 많이 하고 스트레스가 많은 줄 몰랐습니다. 제가 아는 목사님은 과거 한의사였는데 목회가 더 힘들다고 했습니다. 제 친구 목사는 부교역자 시절에 별 보고 나갔다가 별 보고 들어왔습니다. 그래서 요즘에는 교회에서 건강진단서를 요구하는 곳이 많습니다. 젊었을 때 운동을 열심히 하고 체력 관리를 잘하십시오.

그리고 정신건강을 잘 관리해서 우울증이나 탈진에 걸리지 마십시오.

　이상으로 제가 53살까지 살면서 인생과 목회현장에서 깨달은 것을 적어 보았습니다. 참조하시길 바랍니다. 부디 시행착오를 겪거나 방황하지 말고, 훌륭한 목회자가 되시길 기도합니다.

여러분과 함께 믿음의 간증을 나누려고 합니다!

"여호와께서 사람의 걸음을 정하시고 그의 길을 기뻐하시나니. 그는 넘어지나 아주 엎드러지지 아니함은 여호와께서 그의 손으로 붙드심이로다"(시 37:23-24).

사람마다 인생의 굴곡이 있다. 어떤 사람도 고속도로처럼 막힘 없는 인생을 살지는 않는다. 인생길을 가다 보면 수많은 변수가 나타난다. 언덕을 힘들게 올라가야 할 때도 있다. 또한, 아래로 내려갈 때도 있다. 고속도로처럼 쭉 뻗은 길을 갈 때도 있다. 때로는 웅덩이에 빠져 절망할 때도 있다. 어떨 때는 안개가 자욱해서 한 치 앞이 안 보일 때가 있다. 앞에 커다란 산이 막고 있어서 터널을 뚫어야 할 때도 있다. 앞과 뒤가 꽉 막혀서 오도 가도 못 할 때도 있다. 앞에 낭떠러지가 있어서 한 걸음도 떼지 못할 때도 있다. 앞에 길이 없어서 되돌아가야 할 때도 있다. 아니면 새로운 길을 만들어서 가야 할 때도 있다. 또 여러 갈림길이 나타나서 어디로 가야 할지 몰라서 힘들 때도 있다.

나 역시 인생길을 가면서 수많은 변수 앞에 직면했다. 내 인생의 자서전을 쓰면서 '내가 그 길을 어떻게 걸어왔나' 하는 생각이 든다. 나 혼자라면 절대 그 길을 걸어오지 못했을 것이다. 하나님께서 나와 동행해주셨기에 난 인생길에서 만나게 되는 수많은 장애를 극복하고 여기까지 달려올 수 있었다. 또한 좋은 사람들을 만났고, 그분들의 도움으로 여기까지 올 수 있었다. 이제 남은 인생길도 하나님의 손을 믿음으로 붙들고 가려 한다. 하나님께서 내 인생을 향하신 계획과 생각들이 많다. 그리고 앞으로 행하실 기적들도 많다. 그러므로 내 안에 질병 때문에, 환경 때문에 낙심해서 주저앉고 싶지 않다. 다시 믿음으로 일어서서 주님이 내 인생 가운데 남겨두신 임무를 다 이루고 싶다. 주님처럼 '다 이루었다'고 고백하고 하나님 앞에 가고 싶다.

내 인생의 자서전을 쓰면서 나 자신이 불쌍해서 울기도 했다. 그리고 장애물을 극복하고 일어나서 달려갈 때는 기뻐서 웃기도 했다. 내 인생 가운데 베푸신 하나님의 놀라운 은혜를 하나하나 발견해나가는 일은 내게 기쁨과 삶의 활력을 주었다. 내 어리석었던 행동과 만족스럽지 못한 선택을 보면서 후회도 하고 회개도 했다. 그럼에도 불구하고 합력하여 선을 이루시는 하나님을 바라보면서 역시 하나님은 좋으신 분이라는 것을 다시 한번 느꼈다.

처음에 자서전을 쓰면서 '과연 내가 쓸 수 있을까?'라고 망설여졌다. 난 책을 써본 적이 없다. 난 대단한 업적을 남긴 사람도 아니다. 유명한 사람도 아니다. 하지만 평범한 사람의 인생도 소중하고 값진 것이다. 우리는 언젠가 이 세상을 떠날 것이고, 나의 역사도 사라질 것이다. 나의 이야기는 오직 나만이 기록할 수 있다. 그리고 나의 기록이 누군가에게 도움이 된다면 자서전을 기록할 가치가 있다고 생각했다. 또한 하나님의 은혜를 받은 사람이라면 그 은혜를 글로 기록할 의무가 있다고 생각했다. 그래서 펜을 들었다. 그런데 글을 써가면서 옛날의 잊어버리고 살았던 기억들이 새록새록 되살아났다. 어떨 때는 글이 계속 떠올라서 밤잠을 설칠 때도 있었다. 그러므로 자서전 쓰기를 망설이는 분들은 일단 시작해보라. 그러면 여러분의 인생에서 감춰져 있던 놀라운 하나님의 은혜를 발견하게 될 것이다. 그래서 나에게 자서전 쓰기는 하나님의 은혜를 발견하는 과정이고, 나 자신을 찾아가는 여행이었다.

끝으로 이 책을 쓸 수 있도록 옆에서 코칭해주시고 책을 같이 써주신 박성배 작가님께 진심으로 감사드립니다. 책을 처음 쓰기부터 출판할 때까지 하나하나 세심하게 가르쳐주셔서 많은 도움이 되었습니다. 마지막으로 오늘까지 부족한 종을 위해서 기도해주고 후원해주신 분들께 마음을 다해 감사드립니다. 또한 기쁜 마음으로 추천사를 써주신 윤학렬 감독님, 조요셉 목사님, 강석진 목사님 그리고 여동생 효진이에게 감사드립니다. 특히 나를 위해 기도해주고 격려해준 아내에게 말할 수 없는 고마움을 느낍니다. 그리고 막내딸 조이가 삽화를 그려줘서 너무 고마워요.(^^) 아무쪼록 이 책을 통해서 한 사람이라도 은혜를 받고 도움을 얻기를 바랍니다. 또한 이 책을 통해서 좋은 만남들이 있기를 기대합니다. 책을 끝까지 읽어주셔서 진심으로 감사합니다. 지금까지 은혜 베풀어주신 하나님께 감사드리며 모든 영광을 올립니다!!

2022년 12월

이 희 준 목사 드림